Archipel Gulasch

György Dalos

Archipel Gulasch

Die Entstehung der demokratischen Opposition in Ungarn

Mit einem Dokumentenanhang

Bremen 1986

Deutsche Bearbeitung: Elsbeth Zylla
Lektorat: Helmut Donat

CIP-Kurztitelaufnahme der Deutschen Bibliothek

Dalos, György: Archipel Gulasch: Entstehung d. demokrat. Opposition in Ungarn; mit vielen Dokumenten / György Dalos. [Dt. Bearb.: Elsbeth Zylla]. – Bremen: Donat und Temmen, 1986. Aus d. Ms. übers.

ISBN 3-924444-14-5

NE: Zylla, Elsbeth [Bearb.]

Slevogtstraße 20
2800 Bremen 1
Telefon (0421) 34 46 37 / 34 42 80

 Für die freundliche Genehmigung des Abdrucks der im Anhang veröffentlichten Dokumente danken wir den jeweiligen Lizenzgebern.

Satz: AbSatz, Hoya/Weser
Druck: Geffken/Bremen

ISBN 3-924444-14-5

Inhalt

Der Begriff „Samisdat“

In der westeuropäischen Öffentlichkeit löst das Wort „Samisdat“ im allgemeinen Befremden aus. Was verbirgt sich hinter dem Begriff und ist darunter zu verstehen? Am einfachsten wäre es, jede Schrift, die nicht im Rahmen offizieller Möglichkeiten gedruckt worden ist, mit diesem Wort zu bezeichnen. In diesem Fall jedoch wäre, so banal es klingt, jedes literarische Werk, mehr noch, jedes potentielle Druckerzeugnis „Samisdat“, solange es nicht in den Vitrinen der Buchhandlungen liegt. Wenn man aber nur die Werke als solche betrachtet, für die eindeutig keine Druckgenehmigung zu erlangen war, so bleibt die Frage offen: reicht allein dieser Umstand, um das Manuskript als „Samisdatliteratur“ zu bezeichnen? Oder braucht man als weiteres Kriterium auch die offiziell unerlaubte Verbreitung des Werkes? Wenn ja, ist es dann auch wichtig, in welchem Kreis das Manuskript bekannt wird? Ob es nur Freunden und Kollegen oder grundsätzlich einer breiteren Öffentlichkeit zugänglich gemacht wird? Die letzte Frage ist keineswegs nur akademisch. Zu Beginn der siebziger Jahre hatten in Ungarn die meisten Polizeiverfahren, in denen es um Vergehen gegen Zensurbestimmungen ging, mit eben dieser Frage zu tun.

Oder verstehen wir unter „Samisdat“, unabhängig von der polizeilichen Beurteilung, ein alternatives Verbreitungsnetz für Literatur, eine Art zweiter Ökonomie, einen geistigen Schwarzmarkt? Wie ordnen wir in diesem Fall das Schrifttum zu, das direkt für eine Zweite Öffentlichkeit geschrieben worden ist und dessen Autoren nicht mehr daran denken, ihre Produktion im offiziellen Rahmen unterzubringen? Ist etwa die polnische Untergrundliteratur, die ihrem Einflußbereich nach durchaus mit der offiziellen Literatur konkurrieren kann, noch dem „Samisdat“ zuzuordnen? Geht nicht zum Beispiel die Produktion der polnischen „Nowa“, der tschechischen „Petlice“ oder des ungarischen „AB-Verlags“ weit über die Tätigkeit einiger von der Zensur gedemütigter Literaten hinaus?

Auf all diese Fragen möchte ich keine endgültige Antwort geben. Vielmehr soll der Gegenstand meiner Forschung eher umschrieben als genau definiert werden. Statt einer allzu engen Auslegung des Begriffs „Samisdat“ sei das Phänomen selbst untersucht und seine Entstehung in Ungarn aus politischer und kultureller Sicht dargestellt. Unter „Samisdat“ in Ungarn versteht man die politisch gefärbte literarische Kultur, die parallel zu der offiziellen Literatur – in Korrespondenz mit dieser, strukturell jedoch abgesondert – auf autonomer Basis entstanden ist und existiert. Die Bezeichnung „Literatur“ ist in diesem Zusammenhang in einem weit gefaßten Sinne zu begreifen.

Allein die Tatsache, daß eine Schrift nicht für die „offizielle Öffentlichkeit“ bestimmt ist, bedeutet noch lange nicht, daß es sich um Samisdat handelt. In Ungarn gibt es noch eine ganz andere Kategorie grauen Schrifttums: die zur geheimen Verbreitung bestimmte offizielle Literatur. Ein Beispiel dafür ist etwa die Publikationsreihe der Nachrichtenagentur MTI. Sie enthält Artikel, die aus der Westpresse übersetzt wurden. Diese Reihen unterliegen der Geheimhaltung sogar in unterschiedlichen Gradabstufungen. Einige Publikationen sind nur für ZK-Mitglieder bestimmt, andere nur für mittlere Parteifunktionäre. Ähnlich ist es mit einer Buchreihe des Parteiverlags. Seit Mitte der sechziger Jahre erscheinen Schriften von Trotzki, Brandt, Cohn-Bendit, Marcuse und anderen, die nur „vertrauenswürdigen Lesern“ zugänglich sind. Obwohl so manches Exemplar dieser Bücher durch die informellen Kanäle intellektueller Kommunikation ein breiteres Publikum findet als ursprünglich vorgesehen, kann man doch nicht von inoffizieller Literatur sprechen. Eine Ausnahme stellen hier jedoch die Publikationen dar, die von Samisdatverlagen „übernommen“ und so der Zweiten Öffentlichkeit zugänglich gemacht werden.

Der Ausdruck „Samisdat“ taucht zum ersten Mal im Jahre 1952 in der russischen Manuskriptliteratur auf. Ein heute längst vergessener sowjetischer Dichter hatte seine zusammengehefteten unveröffentlichten Gedichte zunächst mit der Bezeichnung „Sam-sebja-isdat“ (Verlag für sich selbst), später mit dem Wort „Samisdat“ (Selbstverlag) versehen. Die sicherlich nur für einen kleinen Leserkreis bestimmten Gedichte enthielten weder dem Inhalt noch der Form nach etwas Verwerfliches, nicht einmal nach den damaligen strengen Maßstäben. Jedoch wies das eher scherzhaft gemeinte Unternehmen bereits zwei äußerst radikale Momente auf: die Heftklammer und die Bezeichnung.

Die Heftklammer sollte ausdrücken, daß der Leser keine zufällige Anhäufung von Texten, sondern ein *Buch*, eine Veröffentlichung vor sich hat; er könne ruhig von dem Nebenumstand absehen, daß die Buchstaben nicht typographischer Herkunft seien und daß die Seiten des Buches aus mehrfach gefalteten Schreibmaschinenseiten bestünden. Die Erkenntnis, daß ein Manuskript durch die Hand, die es zu einem Heft zusammenbindet, ein Buch wird und daß diese technische Veränderung auch ohne Genehmigung von oben durchführbar ist, war tatsächlich revolutionär. Die Bezeichnung der technischen Neuerung in ihrer endgültigen Form beinhaltet ungewollt eine Herausforderung der ganzen bürokratischen Kultur. Das Wort „Samisdat" parodiert nämlich eine Gattung von Sprachmonstern der sowjetischen Epoche, die auch Orwell in seinem Buch „1984" als „newspeak" verspottet hat: die der Abkürzungen. Der Parteiverlag hatte damals den Kosenamen „Partisdat", die ökonomischen und sozialwissenschaftlichen Werke erschienen bei „Sotsekgis", die Feenmärchen druckte der Verlag „Djetgis" (Djetskoje Gosudarstvennoje Isdatelstvo), und das allmächtige Organ der literarischen Zensur hieß „Glavlit" (dt. etwa „Hauptlit").

Das Wort „Samisdat" entstand nicht zufällig in einem Land, in dem die inoffizielle Verbreitung von Literatur traditionell tief verwurzelt ist. Die Gedichte von Puschkin, Lermontow und anderen wurden teils gedruckt, teils jedoch durch Abschreiben verbreitet. Gleiches gilt für Werke, die von der zaristischen Zensur genehmigt, aber in zu niedrigen Auflagen gedruckt worden waren. In den dreißiger Jahren wurde die Zensur in der Sowjetunion verschärft, und immer mehr Werke kamen über die Manuskriptform nicht hinaus. Manche von ihnen wurden in kleinen Gruppen, etwa in Berufsgruppen, gelesen oder weiter-

gegeben. Ein gutes Beispiel dafür ist die teilweise verbale Verbreitung von Mandelstams berühmtem Spottgedicht über Stalin, dem der Autor schließlich sein tragisches Schicksal zu verdanken hatte. Zu dieser Zeit kann jedoch von Samisdat noch keine Rede sein. Der von der Zensur gemaßregelte Schriftsteller war noch nicht auf den Gedanken gekommen oder traute sich noch nicht, sein Werk einer zweiten Öffentlichkeit zugänglich zu machen.
Auch nach 1956 gab es den Samisdat zunächst nur in kaum wahrnehmbarer Form. Die inhaltlichen Merkmale, die so manches Manuskript zur anonymen, beinahe folkloristischen Verbreitungsform verdammten, waren denkbar unterschiedlich. Eine Zeitlang kursierte eine kühn erotische Erzählung, die mit dem respektablen Namen Alexej Tolstois versehen war. Später erschien ein Poem, dessen anonymer Autor sich in seinem Nationalstolz verletzt fühlte durch den überschwenglich begeisterten Empfang, der dem Franzosen Yves Montand in Moskau bereitet worden war. Zum eigentlichen Aufschwung des Samisdat kam es jedoch erst nach dem Moskauer Prozeß gegen die beiden Schriftsteller Sinjawski und Daniel (1965). Ihnen wurde vorgeworfen, sie hätten versucht, Manuskripte unter den Decknamen Arshak und Terz in den Westen zu schmuggeln. Der Prozeß führte zum Gegenteil des Ergebnisses, das erwartet worden war: die Autoren begannen, ihre nicht genehmigten Werke zu veröffentlichen, unter ihrem eigenen Namen und direkt an das Publikum appellierend. Ein paar Jahre später erschien die Zeitschrift „Chronik der laufenden Ereignisse", und es entstand eine politische Samisdatliteratur.

Die ungarische Kulturpolitik nach 1956

Vor der Revolution von 1848 gehörte in Ungarn die Pressefreiheit zu den Hauptforderungen der liberalen und radikalen Reformbewegungen. Die erste unmittelbar revolutionäre Tat war der nicht vom Zensor genehmigte Druck des sogenannten „Zwölf-Punkte-Programms" in der

Budapester Druckerei Landerer und Heckenast. Der erste dieser Punkte lautete: „Wir wünschen die Freiheit der Presse und die Abschaffung der Zensur". Die historische Bedeutung dieses Aktes wird auch durch die Tatsache nicht geschmälert, daß Presse und Verlagswesen damals schon seit einigen Jahren im wesentlichen frei waren. Der größte Teil der ungarischen Zensoren kooperierte mit der fortschrittlichen Literatur, und es gab fast kein nationales oder soziales Problem, was nicht hätte behandelt werden können. Insofern hatte die Forderung nach Abschaffung der Zensur eher symbolischen Charakter.

Eine offiziell institutionalisierte Zensur existiert seither in Ungarn nicht. Nach einer in Parteikreisen verbreiteten Legende war dem Ersten Sekretär 1957 von konservativen Funktionären empfohlen worden, angesichts der wachsenden Gefahr von seiten der Literaten eine förmliche Zensur wieder einzuführen. János Kádár soll geantwortet haben: „Man kann bei uns zwar gehenkt werden, aber eine Zensur findet nicht statt." Natürlich weiß jeder, daß es Verbote immer gegeben hat, selbst wenn der Begriff „Zensur" aus dem offiziellen Vokabular gestrichen worden ist. Ebenso ist jedem erwachsenen ungarischen Staatsbürger klar, daß es einen wohlfunktionierenden Staatssicherheitsdienst im Land gibt, obwohl das Wort selbst seit 1956 aus Sicherheitsgründen im Begriff „Innenministerium" verschwunden ist.

Diese formellen Unterschiede zwischen Ungarn und anderen Volksdemokratien dürfen nicht vernachlässigt werden und sind auch nicht nur formeller Natur. Was die staatliche Kontrolle angeht, so wird die geistige Paß- und Zollkontrolle in erster Linie durch die literarischen Institutionen gewährleistet. Die Verbreitung freier Gedanken fällt in die Kompetenz derselben Einrichtungen, die auch für die Abwehr freier Gedanken zuständig sind, nämlich der Redaktionen und Verlage. Die Effektivität dieser Praxis offenbart ein Zitat aus einem Interview mit der bekannten ungarischen Schriftstellerin Erzsébet Galgóczi, deren Roman über die stalinistischen Prozesse in Ungarn kürzlich erschienen ist: „Um es fein und diplomatisch auszudrücken: der ursprüngliche schreibmaschinengeschriebene Text meines Romans ist mit dem veröffentlichten Werk nicht vollständig, nicht buchstabengetreu identisch. Wichtig ist aber schließlich, daß der Roman erscheinen durfte, und damit ist alles über unsere heutige politische Atmosphäre gesagt."

Die Personalunion von Zensor und Verleger wird durch die Verhandlungssituation ergänzt, die im Verlauf der literarischen Produktion entsteht. Es wird der Eindruck erweckt, daß der Autor dem literarischen Apparat nicht vollständig ausgeliefert sei und sich die Publikationsfähigkeit eines Buches oder Artikels vielmehr als eine Frage gegenseitiger Einsicht und Kompromißbereitschaft darstelle. Der Schriftsteller sucht den vermeintlichen oder realen offiziellen Erwartungen entgegenzukommen, und so fällt der *Selbstzensur* in der Publikationsstruktur nach 1956 eine äußerst wichtige Rolle zu.

Selbst die Erwartungen bezüglich der Selbstzensur haben sich nach dem Oktoberaufstand von 1956 weitgehend verändert. In der ersten Hälfte der fünfziger Jahre versuchte man auch in Ungarn, den Anforderungen des Sozialistischen Realismus Shdanowscher Prägung hundertprozentige Gültigkeit zu verschaffen, und man machte nur mit ganz wenigen Autoren eine Ausnahme. Bei einigen bedeutenden Schriftstellern kritisierte man zwar Schreibgewohnheiten, die man als „bürgerlich" einstufte, jedoch großzügig als eine Art Berufskrankheit tolerierte. So kam es zustande, daß sich die Beziehung zwischen dem Diktator Rákosi und dem Nationaldichter Illyés nach dem Modell Lenin–Gorkij gestalten ließ.

Nach 1956 war im neuorganisierten literarischen Apparat immer häufiger von einer neuen Anforderung der Literatur gegenüber die Rede, nämlich von der *Qualität.* Die berufsbildprägende Erwartung diente anfangs nur als Ergänzung und Legitimierung der weiterhin gültigen leninschen Doktrin der „Parteilichkeit". Der Begriff wurde aber spätestens zu Beginn der sechziger Jahre in den Ausdruck „Engagement" verwandelt, der akzeptabler erschien und bedeutete, daß eine ausdrücklich kommunistische

Weltanschauung bereits nicht mehr als unabdingbar betrachtet wurde. Der Schriftsteller konnte sich in dieser neuen Lage als „sozialistischer Humanist“ bezeichnen, wenn der Charakter seiner Schriften dies zuließ, mehr noch, es war sogar möglich, sich einfach als „Humanist“ zu deklarieren, wenn man im Besitz eines entsprechenden Gewerbescheins war.
Diese neue literaturpolitische Situation charakterisierte ich 1971 in einem Essay folgendermaßen – und ich denke, daß meine damaligen Gedanken auch auf die heutige Lage zutreffen: „Wir dürfen nicht glauben, daß die Verselbständigung des beruflichen Aspekts, die Depolitisierung des ästhetischen Wertsystems nur die Folge der ideologischen Schlampigkeit einiger Kulturfunktionäre gewesen wäre. Vielmehr hat die Publikationsstruktur an Bedeutung zugenommen und spiegelt ihrerseits einen weit wichtigeren gesamtgesellschaftlichen Prozeß wider: eine Evolution der Arbeitsteilung und Machtstruktur, deren Folge die Abspaltung einer Gruppe professioneller Manager von der politischen Führungsschicht ist. In der zweiten Hälfte der fünfziger Jahre gab es in allen Bereichen einen Prestigezuwachs der Professionalität ... Die frühere monopolbürokratische Lenkung von Literatur und Kunst hatte sich dadurch legitimiert, daß sie die Präsenz der Politik in der Kultursphäre garantierte. Der heutige Apparat beruft sich auf ästhetische Ansprüche, auf die Qualität, um seine Existenz zu rechtfertigen ... Er gibt sich gern das Image, technisch notwendig zu sein, um anstatt der früheren, rein politischen Lenkung im Namen eines rationaleren Grundsatzes – dem der Qualität – *dieselbe* unbeschränkte Kontrolle ausüben zu können.“
Wie bereits erwähnt, verstehe ich unter Literatur hier nicht nur den Bereich der Belletristik, sondern die Gesamtheit allen Schrifttums – Gedichte, Erzählungen, philosophische Essays, Publizistik – das geeignet ist, Einfluß auf die Öffentlichkeit auszuüben. Die neue Publikationsstruktur, die für diese Art von Literatur ein Lichtblick war, funktionierte in den sechziger Jahren relativ reibungslos. Damit soll nicht etwa gesagt werden, daß es zu keinen Verboten und Beschlagnahmungen gekommen wäre oder daß

einige Autoren nicht zum zeitweiligen Publikationsverbot, dem sogenannten „Silentium", verdammt worden seien. Aber der literarische Apparat sah sich imstande, die Aufgaben zu erfüllen, die ihm von der Kádárschen Kulturpolitik oder vielmehr von deren Hauptfigur, dem Politbüromitglied György Aczél, übertragen worden waren.
Im Rahmen dieser Kulturpolitik war man bestrebt, Autoren und Werke jeweils den Kategorien „Unterstützung", „Duldung" und „Verbot" zuzuordnen. Diese Aczélsche Triade, aufgrund der Anfangsbuchstaben der entsprechenden ungarischen Worte unter der Bezeichnung „die drei T" bekannt, ist Kennzeichen eines aufgeklärten Absolutismus in der Literatur- und Kunstbürokratie. „Unterstützung" meint, daß die Werke des betreffenden Autors regelmäßig veröffentlicht werden konnten, unabhängig davon, ob ein Bedürfnis nach ihnen bestand. Da in Ungarn Literaturpublikationen über staatliche Subventionen finanziert werden, war mit der Kategorie „Unterstützung" ein staatlicher Beitrag zur Veröffentlichung des betreffenden Werkes bzw. aller Werke des so zugeordneten Autors garantiert. Zur „Unterstützung" gehörten auch Literaturpreise und Stipendien, offizielle Auslandsreisen, Schaffung von besonders günstigen Arbeitsbedingungen usw. Politisch kam die staatliche Förderung in der Prestigepflege einzelner Schriftsteller und Künstler zum Ausdruck sowie in der Tatsache, daß man sie, der sowjetischen literarischen Tradition entsprechend, in die Arbeit verschiedener gesellschaftlicher Gremien einbezog.
Die Kategorie „Verbot" war am einfachsten anzuwenden. Es konnte ein ganzes Œuvre betreffen (so geschehen bei bestimmten Teilnehmern des Aufstands von 1956), um vereinzelte Werke oder um die Einschränkung der Rezeptionsmöglichkeiten bereits veröffentlichter Werke gehen. Ob ein Buch oder eine Rezension erscheinen durfte, und wenn ja, bei welchem Verlag und in welcher Auflagenhöhe – das alles wurde in den sechziger Jahren auf regelmäßigen Instruktionsversammlungen der Kulturpolitik, auf Sitzungen von Redakteuren und Verlagsleitern entschieden. Die Kontrolle wurde auch auf die ungarischen Publikatio-

nen ausländischer, vor allem westlicher Literatur ausgedehnt. Paradoxerweise schonte die Zensur nicht einmal die Produktionen der Bruderländer. Manche Bücher aus der Sowjetunion und der DDR, mehr noch solche aus Rumänien und Bulgarien wurden aus „Geschmacksgründen“ im Rahmen der alltäglichen Verlagsarbeit abgelehnt. Bevorzugtes Argument war oft der „Schutz der Qualität“. Dieser Zensur fiel unter anderem auch der berüchtigte Schlüsselroman über Solschenizyn zum Opfer, ein Werk des DDR-Autors Harry Thürk mit dem Titel „Der Gaukler“.

Die komplizierteste und uns am meisten interessierende Kategorie der neuen Kulturpolitik war die „Duldung“. Der Begriff war deshalb so wenig faßbar, weil sowohl das Maß der Toleranz als auch die Bestimmung der tolerierbaren Werke ständigen Veränderungen unterlag. Was noch in den fünfziger Jahren unvorstellbar schien, die Veröffentlichung der Werke Kafkas, galt Mitte der sechziger Jahre als beinahe natürlich. Was war in nur einem Jahrzehnt geschehen? Ganz einfach: ein gewaltiger Volksaufstand hatte stattgefunden, an dessen Vorbereitung und Verlauf Kafka nachweislich nicht teilgenommen hatte. Offizielle Kommentare zu den ersten ungarischen Kafka-Veröffentlichungen suchten die subversiven Möglichkeiten etwa des Romans „Der Prozeß“ abzuwehren. Man erklärte, die offenkundige Parallele zum Stalinismus habe mit dem XX. Parteitag der KPdSU und, mehr noch, infolge der Entwicklung in Ungarn nach 1956 ihre Aktualität verloren.

Ein ungarisches Beispiel für die Verschiebung der Toleranzmaßstäbe ist das Schicksal des Schriftstellers Tibor Déry. Als er 1960 durch eine Amnestie aus dem Gefängnis entlassen wurde, in das man ihn wegen seines Engagements für den Aufstand eingesperrt hatte, ahnte noch niemand, daß seine Bücher bald wieder auf dem Markt erscheinen würden und daß man ihn selbst zum Nationalklassiker ernennen würde. Bevor er 1977 starb, vertraute Déry in einem Vermächtnis seinen literarischen Nachlaß dem Politbüromitglied György Aczél an. Dérys Laufbahn ist beispielhaft, wenn nicht geradezu symptomatisch für

die Generation der Fünfundsechziger. Viele der ehemals Geächteten wurden von demselben System, das sie verfolgt hatte, später weitgehend anerkannt – als Beweis für die Offenheit der Kategorie „Duldung" in Richtung „Unterstützung". Gleiches galt für etliche als „bürgerlich" verfemte Autoren, die, wie etwa Gyula Hernádi, innerhalb eines Jahrzehnts von diskriminierten „Kaffeehausliteraten" zu beinahe offiziellen Persönlichkeiten avancierten, ohne daß sie ihr ästhetisches Programm verändert hatten.
Aber die Kategorie „Duldung" erwies sich zum „Verbot" hin als ebenso offen. Deutlich wurde diese Tendenz, als gegen Ende der sechziger Jahre eine neue Schriftstellergeneration entstand. Junge Autoren, die bis dahin ohne Gelegenheit geblieben waren, sich in das informelle Kontaktsystem der literarischen Szene zu integrieren, meldeten sich zu Wort. Sie verfügten über keine historische Visitenkarte, im Unterschied zu den „sozialistischen Realisten" der frühen fünfziger Jahre, der „Reformgeneration" der Jahre nach 1953 oder den Vertretern der literarischen „Normalisierung" nach der Niederschlagung des Aufstands von 1956. Die jungen Leute beanspruchten nicht nur einfach ihren Platz – das allein wäre angesichts der scheinbar übersättigten Publikationsstruktur schon schwierig gewesen – sie forderten überdies die Möglichkeit, selbständige literarische Werkstätten schaffen zu können, um dort diejenigen Programme zu artikulieren, die sie von ihren arrivierten Meistern übernommen hatten. Diese Spielart literarischen „Rowdytums" nahm damals die ganze Toleranz der offiziellen „Dulder" in Anspruch.
Zu berücksichtigen ist, daß der Schriftstellerverband, von dem seit 1956 ein verdächtiger Geruch nicht ganz gewichen war, über keinerlei Macht verfügte und nicht imstande war, eine effektive Interessenvertretung seiner Mitglieder zu verwirklichen. Über wichtige literarische Fragen, über Honorarbestimmungen, neue Zeitschriften, Verkürzungen der Produktionszeit usw. entschieden und entscheiden bis heute die zuständigen Abteilungen des ZK oder des Kulturministeriums. Der Schriftstellerverband dient bestenfalls als Plattform der literarischen

Öffentlichkeit für den Versuch, Druck auszuüben, wobei die Konkurrenz zwischen einzelnen Autoren immer eine Schranke für gemeinsame Aktionen war. Schließlich waren es auch nicht die Schriftsteller, die als erste in Konflikt mit dem kulturlenkenden Kontrollapparat gerieten, sondern eine andere intellektuelle Gruppe: die Philosophen, insbesondere die Schüler von György Lukács.

Die Kampagne gegen die „Budapester Schule"

Das philosophische Œuvre von Lukács hätte für mehrere Lebenswerke gereicht, nicht nur wegen seines grandiosen Umfangs, sondern auch wegen der Vielfalt der innerhalb dieses Œuvres miteinander ringenden verschiedenen Auffassungen. Beginnend mit dem beinahe belletristischen Philosophieren zum Komplex „Seele und die Formen", über den Dogmatismus des Werkes „Zerstörung der Vernunft", der Lukács von Isaac Deutscher den nicht sehr schmeichelhaften Titel „Shdanow mit Niveau" eintrug, bis hin zur „Ästhetik" und „Onthologie" der letzten Jahre begleitete Lukács' Wirken das geistige Leben im Ungarn des 20. Jahrhunderts. Mit seinen Arbeiten schuf er als Einzelner eine moderne ungarische philosophische Schule. Die dramatischen Wendepunkte der Geschichte des ungarischen Sozialismus sahen ihn 1919 als Volkskommissar für Kultur in der Räterepublik, 1956 als Kultusminister der Imre-Nagy-Regierung. Seine zweimalige Verdammung durch die Partei (1949 und 1957) brachte ihm in Kreisen kritisch denkender Intellektueller und bei den Anhängern einer Renaissance der Marxschen Lehre nahezu unbegrenzten moralischen Kredit ein.
Die von der Partei seit 1962 forciert betriebene Bündnispolitik unter dem Slogan „Wer nicht gegen uns ist, ist für uns" hatte unter anderem die Gewinnung der Intelligenz zum Ziel. Die Person Lukács' schien geeignet, einige Gruppen von Künstlern und Sozialwissenschaftlern aus der passiven Opposition in das legale Kulturleben zurückzuführen. Außerdem war der Philosoph auch wegen seines interna-

tionalen Rufes wichtig geworden. Das offizielle Ungarn hielt nichts davon, dem Beispiel der DDR zu folgen, die Bloch seinerzeit dem Westen überlassen hatte. Nachdem man ein paar Jahre gegen Lukács zu Felde gezogen war, um seinen hartnäckigen Antistalinismus zu bestrafen, bremste man die grobe Pressekampagne. Sein Schrifttum wurde erneut veröffentlicht, sein achtzigster Geburtstag 1965 bescheiden gefeiert. Im Rahmen dieser Politik, die in Erwartung einer Wirtschaftsreform lockerer geworden war, erfolgte 1967 die Wiederaufnahme von Lukács in die Partei. Die Tatsache der Rehabilitierung war eindeutig, ihre Art und Weise hingegen nicht sehr durchschaubar.
György Bence und János Kis erinnern sich an dieses Ereignis wie folgt: „Kompromiß auf ungarisch: Lukács und seine Schüler mußten nichts von ihren Meinungen zurücknehmen, aber die Parteiführung stimmte nur den Positionen der Schule zu, die keine empfindlichen Punkte berührten. Außerdem taten alle so, als wenn die Lukácssche Lehre schon immer Bestandteil der offiziellen Lehre gewesen wäre. Wir waren darüber nicht besonders erfreut, sprachen aber auch nicht offen dagegen. Wir alle hatten Vorteile davon, wenn auch in unterschiedlichem Umfang. Dies war der Grund für unsere Zurückhaltung, und es wäre heuchlerisch, das zu verleugnen. Wir hatten aber auch ein höheres Motiv: wir glaubten damals, nur innerhalb des offiziellen Rahmens sei etwas zu erreichen."
Der Rahmen schien in der Tat recht weit gesteckt zu sein. In den Fachausschüssen, die die Wirtschaftsreform vorbereiten sollten, waren die besten Köpfe versammelt, Ökonomen, Soziologen und Ingenieure. Um die überflüssigen Energien der Intelligenz zu bändigen, wurden in größerem Umfang Meinungsumfragen durchgeführt. András Hegedüs, der damals die soziologische Forschungsgruppe der Akademie leitete, durfte in einer literarischen Zeitschrift seine Bürokratiekritik veröffentlichen. György Konráds sozialkritisches Buch „Der Besucher" stand unmittelbar vor der Veröffentlichung. Es gab zahlreiche Faktoren, die parallel zur Wirtschaftsreform eine freiere und großzügigere Gestaltung des öffentlichen Lebens ver-

hießen. Auch Lukács forderte 1967 in der Weihnachtsausgabe der Parteizeitung „Népszabadság“ eine Liberalisierung. Zwar bestand er auf seiner berühmten These, daß auch „der schlechteste Sozialismus besser sei als der beste Kapitalismus“, fand es jedoch wichtig zu betonen, daß die zur Verbesserung des Sozialismus notwendige Wirtschaftsreform nur erfolgreich sein könne, wenn sie durch tiefgreifende politische Veränderungen ergänzt werde. Diese Äußerung des Philosophen, die sich später in unangenehmer Form bewahrheiten sollte, erschien vielen zu radikal. In einem Vortrag an der Parteihochschule im März 1968 polemisierte selbst György Aczél gegen Lukács.
Der erfrischende Prozeß der Wirtschaftsreform wurde jedoch durch das traurige Ergebnis des Dubčekschen Reformversuchs jäh gebremst. Gleichwohl glaubten manche Reformverfechter in Ungarn, die Teilnahme an der Intervention vom August 1968 werde sich zugunsten der Ungarn auswirken. Man hoffte auf die Toleranz der sowjetischen Führung gegenüber den ungarischen Projekten, die ohnehin im Vergleich zu den geplanten tschechoslowakischen Reformen recht bescheiden ausfielen. Außerdem vertrat man die Ansicht, eine ungarische Reform werde beweisen, daß eine langsame Liberalisierung der Gesellschaft auch ohne Destabilisierung des Gleichgewichts möglich sei.
Die Lukács-Schule protestierte entschieden gegen die Intervention. In einem langen Brief an das Zentralkomitee analysierte der Meister die Konsequenzen dieses von ihm als tragisch bezeichneten Schrittes für den Sozialismus in Ungarn und für die internationale kommunistische Bewegung. Einige jüngere Philosophen wie Vilmos Soós und Zádor Tordai brachten noch während einer Konferenz, die in jenen Augusttagen auf der jugoslawischen Insel Korčula stattfand, ihre Unzufriedenheit mit den Prager Ereignissen zum Ausdruck. Dies war der erste öffentliche Protest von ungarischen Intellektuellen seit 1956.
Im Jahr 1968 hatte sich das politische Image der Budapester Schule etwas geändert. Selbst Lukács gelangte im Rahmen seiner kommunistischen Parteidisziplin zur Kritik des

Stalinismus als System. Die mittlere Generation – Heller, Fehér, Vajda und andere – plädierte zunehmend für eine Öffnung des Marxismus zu mehr Pluralismus. Die jüngste Generation, in der intellektuellen Öffentlichkeit als „Lukács-Kindergarten" bezeichnet, hatte ein wachsendes Interesse an den Studentenbewegungen in Westeuropa und den USA sowie deren Ideologen (Marcuse, Gorz). Die mittlere Generation, besonders der am meisten politisierende Fehér, hielt zu dieser Zeit noch eine informelle Beziehung zur offiziellen Kulturpolitik aufrecht. Der „Kindergarten" spaltete sich organisatorisch von der Schule ab. In den Jahren 1969/70 begann man, sich in Privatwohnungen zu treffen und in Seminaren mit dem Œuvre des Meisters auseinanderzusetzen. Der „Kindergarten" verbreitete unter anderem den Lukács-Artikel „Der Bolschewismus als moralisches Problem" von 1918, eine Art „Ur-Samisdat".
Als Lukács 1971 starb, gab es für die Partei keine moralische Verpflichtung mehr, den pluralistischen Marxismus der Schüler zugunsten der internationalen Autorität des Meisters weiter zu tolerieren. Auch den Schülern wurde die Zusammenarbeit mit dem sich von der Reform entfernenden System immer lästiger. Noch während des Begräbnisses von Lukács schickte man sich an, den Nachlaß offiziell zu vereinnahmen. Ein erstes Anzeichen dieses Prozesses war ein Artikel des späteren Kulturministers Béla Köpeczi in der Zeitung „Népszabadság", in dem er Lukács vor „ultralinken Kritikern" des Westens in Schutz nahm. Gemeint war vor allem ein Artikel von Hans Magnus Enzensberger im Kursbuch „Baukasten zu einer Theorie der Massenmedien", in dem der deutsche Schriftsteller Lukács' ästhetische Literaturtheorie als reaktionär bezeichnet hatte. Die Gesamtausgabe der Lukács-Werke ging einher mit ihrer Kanonisierung. So durfte 1972 sogar die Schrift „Geschichte und Klassenbewußtsein" in Ungarn zum ersten Mal erscheinen, die früher als schwerster Fall von Ketzerei angeprangert worden war. Bestimmte Lukács-Schriften aber, wie zum Beispiel ein Artikel über Solschenizyn, durften bis heute nicht in die Gesamtausgabe aufgenommen werden.

Die Wende im Umgang nicht nur mit den Lukács-Schülern, sondern mit der gesamten kritischen Intelligenz begann mit der ideologischen Konferenz der Partei im Januar 1973. Zwei Monate früher, als Breschnew Ungarn besuchte, war der Parteiführung eindeutig klar geworden, daß die sowjetischen Genossen mit dem ohnehin langsamen Tempo der Wirtschaftsreform unzufrieden waren, da sie es als noch zu schnell erachteten. Auch innerparteiliche Kräfte, die eine Dezentralisierung der Industrie immer schon als Verrat heiligster Grundsätze angesehen hatten und die am liebsten die Polizei holen wollten, wenn sie nur das Wort „Markt" hörten, waren in Bewegung geraten. In dieser Situation sahen sich die dem Druck allmählich nachgebenden Zentristen um Kádár gezwungen, sich der Intellektuellen zu entledigen, die sie einige Jahre zuvor in die Vorbereitung der Reform einbezogen hatten. Die Lukács-Schüler und die Mitarbeiter von Hegedüs als Vertreter der Reformintelligenz boten am meisten Angriffsfläche.
Aczél, der während der Konferenz von den Exponenten der „harten" Fraktion in der Parteiführung mit dem in Ungarn nicht gerade harmlosen Vorwurf des „Zionismus" attackiert worden war, distanzierte sich scharf von den Lukács-Schülern. Er bezichtigte seine Partner von gestern der Abkehr von den Lehren ihres Meisters. Als Beleg hatte er natürlich genügend Zitate bei Lukács gefunden. Damit war die „Budapester Schule" vogelfrei und der Wut der Parteibeamten ausgeliefert. Die Verfahren ließen nicht lange auf sich warten.
Den Vorwand, wenn auch nicht die Ursache, lieferte ein umfangreiches Manuskript zur Kritik der Marxschen Werttheorie, das György Márkus, György Bence und János Kis verfaßt hatten. Die Arbeit war nur im engsten Kreis Auserwählter verbreitet worden. Die Autoren hatten vorweg die ganze Fachliteratur aufgelistet, die ihrer Meinung nach unbedingt gelesen werden mußte, wollte man ihr Werk verstehen. Die eher abschreckend als aufwieglerisch wirkende Anti-Werttheorie hätte also den berühmten „Einundzwanzig-Bogen-Paragraphen" der preußischen

Zensur verdient gehabt, der all jenen Werken zugutekam, die angesichts ihres Umfangs zur staatsfeindlichen Hetze ungeeignet waren. Aber die nicht existierende ungarische Zensur hatte noch nicht die Toleranz eines Friedrich Wilhelm IV. erreicht, obwohl sie auf dem besten Wege dazu war. Die Lenker des damaligen philosophischen Lebens luden die Autoren des inzwischen als „antimarxistisch" angeprangerten Manuskripts zur öffentlichen Diskussion ein. Zweifelsohne sollte die Veranstaltung den Hintergrund des Disziplinarverfahrens bilden, das gegen die Autoren aufgrund ihrer Beamtentätigkeit bereits eingeleitet worden war. Deshalb weigerten sie sich, in der „Akademie der Wissenschaften" zu erscheinen. Im Mai 1973 wurden die Parteimitglieder der Gruppe aus der Partei ausgeschlossen. Der engste Kreis der Lukács-Schüler, also Márkus, Kis, Vajda, Heller und andere, wurden aus ihrem Arbeitsverhältnis im akademischen Bereich entlassen. Das Berufsverbot sorgte für Unruhe in Intellektuellenkreisen, aber die konservativen Elemente der Parteiführung waren noch immer nicht zufrieden. Ein Jahr später wurde der als zu liberal geltende Kulturpolitiker Aczél ebenso aus der höchsten Machtsphäre entfernt wie der Verantwortliche für die Wirtschaftsreform, Rezsö Nyers.

Die parteioffizielle Stellungnahme mit dem Titel „Zu den antimarxistischen Ansichten einiger Sozialforscher" stellte einen ernsthaften Rückfall in die Kulturpolitik der späten fünfziger Jahre dar, als ein ähnliches Positionspapier die sogenannten „Populisten", die nationale Richtung der ungarischen Literatur, brandmarkte. Das neue Dokument unterscheidet sich von jenem durch die beinahe komisch anmutende Überschätzung der „lukácsistischen Gefahr". Unter anderem zitieren die Autoren folgenden Text von András Hegedüs und Mária Márkus: „Die zweite Frage, die nicht vernachlässigt werden darf, ist, ob die existierende Machtstruktur Bewegungen zuläßt, die nach Selbstverwirklichung und eigenem Ausdruck trachten. Die Antwort ist hier unbedingt negativ. Sie hängt in großem Maße von den konkreten Kräfteverhältnissen in dem einzelnen Land und im internationalen Maßstab ab. Ebenso

kann eine Entwicklung der Bürokratie in eine pluralistische Richtung, die durch verschiedene Wirtschaftsreformen gefördert wird, wichtig werden. So kann es sein, daß einige Führungskräfte auf der Basis gewisser neu aufkommender Einzelinteressen die von uns angedeuteten Schritte unterstützen, und sei es auch nur, um einen gewissen äußeren Schein zu wahren." Diesen tatsächlich etwas nebulösen und vielfältig interpretierbaren Gedankengang deutete der kulturpolitische Arbeitsausschuß folgendermaßen: „In letzterer Analyse setzen sie also – ebenso wie die Feinde des Sozialismus – ihre Hoffnungen in die ‚Entwicklungs'tendenzen des Sozialismus: in das Sinken des Masseneinflusses der Parteien der sozialistischen Länder, die Abkehr der Massen von den in diesen Ländern anerkannten Entwicklungsprogrammen, die Herausbildung und Festigung innerer Oppositionen innerhalb der sozialistischen Gesellschaft, die Entwicklung der ‚Bürokratie' in eine pluralistische Richtung und in derartige Entwicklungen der internationalen Kräfteverhältnisse, die Herausbildung und Effektivität der inneren Oppositionen begünstigen. Es ist offensichtlich, daß diese Hoffnungen und solcherart politische Spekulationen nichts mit Sozialismus oder selbst Sozialwissenschaft zu tun haben."
Was auch immer die ideologische Abwehrabteilung des ZK aus den Texten der Lukács-Schüler herauslesen wollte, Ziel der ganzen Tirade war die Kompromittierung des im Hegedüs-Márkus-Text vorkommenden Wortes „Wirtschaftsreform". In deutlich abschreckendem Sinne führte das Positionspapier aus, welche Folgen mit solch übertriebener Treue zum Programm des Jahres 1968 verbunden sein mußten: „Sie entwickelten ihre besonderen Positionen, woraus später ein besonderer politischer Standpunkt und eine Opposition wurde. So überschritten sie wiederholt die Grenzen unseres öffentlichen ideologischen Lebens, welche seit langem von den Prinzipien unserer Kulturpolitik festgelegt worden sind. Diese Prinzipien, die sowohl Garantie wie auch Unterstützung für die Freiheit der Forschung und Diskussion sind, für die Bildung wissenschaftlicher Schulen und deren Wettbewerb,

haben sich nicht im mindesten geändert. Die früher diskutierten Ansichten der fraglichen Autoren haben sich geändert. Erst seit kurzem besitzen sie einen einheitlichen politischen Charakter."

Das war eine klare Aussage. Jeder also, der seine gestern noch offiziell gültige, nun aber bereits abweichende Meinung weiter vertrat, konnte plötzlich zum „Grenzüberschreiter" werden, unabhängig davon, welche Haltung er in der Partei und in der Öffentlichkeit einnahm. Schließlich war auch der tschechoslowakische Reformökonom Ota Šik, bevor er Emigrant wurde, Stellvertretender Ministerpräsident gewesen.

Eine politisch bedeutsame Parallele drängt sich auf. 1949 warf man Lukács vor, er sei seiner offiziellen Aufgabe nicht gerecht geworden. Seine Kulturauffassung sei bürgerlich-demokratisch. Die Parteikoryphäen bemängelten, Lukács habe die Intellektuellen mit seinem Modell eines literarischen Pluralismus bewußt über die wirklichen sozialistischen Absichten der Partei hinweggetäuscht. Der Vorgang wiederholte sich nun. Wieder einmal brauchte man einen Prügelknaben; in diesem Fall wurde die moralische Last der taktischen Wende den schwachen Schultern der Budapester Schule aufgebürdet.

Aber warum gerade Lukács, warum die Lukács-Schüler? Ohne die geheimen Absichten der Parteiideologen zu kennen, sei nur auf einige Umstände hingewiesen, die die Budapester Schule für diese Rolle geeignet erscheinen ließen, ebenso wie seinerzeit Lukács selbst.

Seit mehr als einem halben Jahrhundert wird das geistige Leben in Ungarn vom Gegensatz „Populisten-Urbanisten" bestimmt und gespalten. Der bäuerliche Radikalismus und die das Nationale betonende Ideologie der Populisten wurden seit Beginn der dreißiger Jahre mit der westlich-kosmopolitisch beeinflußten „urbanistischen" Stadtliteratur konfrontiert. Seit es in Ungarn eine offiziell gelenkte Kulturpolitik gibt, also seit 1945, muß die jeweilige Partei mit diesem Gegensatz leben. Obwohl die offizielle Doktrin von einer nationalen Einheit der Kultur ausgeht, prägt eine Reihe von Widersprüchen das Gesamtbild. Die Kulturpolitik akzeptierte weder die Budapester Schule noch die von ihr als „Narodnikis“ verspotteten Populisten als autonome Kraft, doch bemühte man sich, die national gesinnte Intelligenz mit Samthandschuhen anzufassen. So fühlten sich die Populisten nie zur Opposition gezwungen. Sie spielten die Rolle von Rettern der nationalen Werte in legalem Rahmen. Ihre bevorzugten Themen waren das rapide Sinken der Geburten- und der Anstieg der Selbstmordrate, der Alkoholismus, die Kultur der ungarischen Minderheiten in den Nachbarländern usw.

Gleichzeitig arbeitete Lukács an seiner Ontologie, seine Schüler beschäftigten sich mit den „Ökonomisch-Philosophischen Manuskripten“ und dem „Grundriß“ oder schrieben wie Fehér Bücher über Dostojewski. Man suchte eifrig nach einer Marx-Interpretation, die eine Kafka-Rezeption rechtfertigen konnte. Die Budapester Schule als Vertreterin der urbanistischen Kultur beschäftigte sich, als sie ins Kreuzfeuer geriet, mit der pluralistischen Öffnung des Marxismus.

Den Marxismus jedoch wollten breite Schichten der ungarischen Intelligenz in keiner Form akzeptieren. Zwar war Lukács auch für manchen Nichtmarxisten eine Autorität, und in Ungarn gilt die goldene Regel, daß ein gewisser Grad an Opposition immer auch mit einer entsprechenden Solidarität rechnen kann. Im Zweifelsfall sind solche Sympathien aber wenig konkret, vor allem dann, wenn es ernst wird.

Während die offizielle Ideologie auf die nationalistischen Abweichungen mit Integrationsversuchen reagierte, duldete sie keinerlei Ketzerei, die in irgendeiner Form mit Marxismus zu tun hatte. Angesichts der Isoliertheit der „urbanistisch“ gesinnten Lukács-Schüler und der relativen Abstraktheit und des wenig „ungarischen“ Charakters ihrer Werke waren sie eine willkommene Zielscheibe für die Partei. Man konnte sowohl den „Harten“ in der Führung als auch den sowjetischen Genossen gegenüber die eigene ideologische Reinheit demonstrieren. Soviel zur politischen Viktimologie.

Zwölf Jahre später kam es plötzlich zu einer öffentlichen Diskussion in der Wochenschrift „Elet és Irodalom“. Sie drehte sich um die Frage, warum es in den achtziger Jahren in Ungarn eine ideologische Windstille gibt und die Jugend keine Lust mehr hat, Marxismus zu studieren. An der Debatte beteiligte sich auch die marxistische Geschichtsphilosophin Mária Ludassy. In einem Leserbrief erklärte sie zu den Ursachen der „Windstille": „In den sechziger Jahren haben wir nicht nur Gorz, Habermas oder Marcuse gelesen, sondern auch Kolakowski, Kosik, Heller und Márkus. 1968 war nicht nur das Jahr, in dem wir unsere Diplomarbeiten schrieben. Wir begannen, Marx zu zitieren, und zwar nicht nur, um jene leer gewordene Gebetsmühle abzustellen, die uns als offizieller Marxismus beigebracht wurde, sondern auch, um ein neues humanistisches Credo zu verkünden ... und diese Marx-Interpretation, die natürlich nicht unsere war, sondern von den bereits erwähnten hervorragenden osteuropäischen marxistischen Philosophen stammte, kritisierte nicht nur die Scheinwissenschaftlichkeit eines theoretischen Antihumanismus, sondern kritisierte ebenso durchaus praktische Antihumanismen ... Ohne diese aktuelle Bezugnahme sind auch die besten Marx-Texte gleichermaßen langweilige Pflichtlektüre wie die borniertesten Handbücher – und wenn wir tatsächlich Marxisten sind, dann dürfen gerade wir uns am wenigsten darüber wundern. Ebenso ist wenig verwunderlich, daß die neue Philosophengeneration, nachdem offiziell verboten wurde, über die Chancen einer kritischen Theorie kritisch zu theoretisieren, sich lieber mit den Meditationen von Descartes befaßt oder mit Kants ‚Kritik der reinen Vernunft' – vielleicht aber sogar mit noch weiter entfernten Epochen, die nicht einmal mehr die Möglichkeit eines marxistischen Zugangs bieten." Wahrlich, eine späte, aber dennoch mutige Reaktion auf die zwölf Jahre zurückliegenden Ereignisse. Daß M. Ludassys Stellungnahme in der Presse veröffentlicht werden durfte, gehört zweifellos zu den Verdiensten der ungarischen Zensur.

Währenddessen errangen die „Populisten" einen kleinen Sieg. Ihre fast ein Jahrzehnt lang andauernde Kampagne gegen den rapiden Fall der Geburtenrate hatte dazu

geführt, daß die Regierung eine Verschärfung des Abtreibungsgesetzes – des liberalsten in Europa – verordnete. Dies war, um es vorsichtig auszudrücken, natürlich nicht das einzige Ziel jener Publizisten gewesen, die in den sechziger Jahren ein finsteres Bild vom Aussterben der Nation an die Wand gemalt hatten. Einige von ihnen, wie z.B. Gyula Fekete, verfielen dabei auf extremistische Forderungen; er schlug dem Staat vor, insbesondere gesunde Frauen durch Vergünstigungen zu erhöhter Gebärbereitschaft zu animieren. Das Projekt der „hauptberuflichen Mütter“ stieß selbst bei manchen Parteifunktionären auf Widerstand.
Die kleine Protestwelle gegen die Verschärfung der Abtreibungspraxis – 1500 Personen unterzeichneten eine Petition ans Parlament (s. Dokument Nr. 2) – führte zu keinem Erfolg. Die drei Initiatorinnen, die möglicherweise bei der Geburt einer kleinen autonomen Frauenbewegung hätten Pate stehen können, befinden sich seither im westlichen Ausland.
Natürlich strebte auch die nationale Strömung nach Autonomie. Basierend auf einer Wiederentdeckung der Folklore, pflegte sie mit der Bewegung der sogenannten „Tanzhäuser“, mit Pilgerfahrten nach Siebenbürgen oder in die Südslowakei eine „nationsrettende“, „wertschützende“ Tradition. Sie fühlte sich dem Erbe von 1956 verpflichtet, ohne dies besonders nachhaltig zu artikulieren, was angesichts der tatsächlich existierenden Zensur auch nicht so einfach gewesen wäre. Allgemein kann man sagen, daß die national-populistische Intelligenzija trotz aller Reibungen mit der Kulturpolitik nie ganz marginalisiert wurde.

Der Haraszti-Prozeß und seine Folgen

Am selben Tag, als die Lukács-Schüler ihre Parteibücher zurückgeben mußten, nahm die Polizei den jungen Schriftsteller Miklós Haraszti fest. Die Anklage lautete auf „staatsfeindliche Hetze“. Es ging um ein Manuskript mit dem Titel „Stücklohn“, eine Betriebssoziographie, die der

Autor angeblich in mehreren maschinengeschriebenen Exemplaren verbreitet hatte. Man vermutete, Haraszti habe das Manuskript ins Ausland, nach Jugoslawien, schmuggeln und dazu die Hilfe seines Kollegen, des Schriftstellers György Konrád, in Anspruch nehmen wollen. Zu Beginn des Verfahrens wurde auch Konrád vorübergehend inhaftiert. Den späteren Autor des „Komplizen" bewahrte indes seine Bekanntheit davor, als „Komplize" von Haraszti angeklagt zu werden.
Haraszti selbst war in literarischen Kreisen nicht sehr bekannt. Er hatte fast noch nichts veröffentlicht, und als ehemaliger Maoist erfreute er sich keiner besonderen Beliebtheit bei den kritischen Intellektuellen. Es war also verständlich, daß die Behörden sich gerade ihm widmeten; es blieb jedoch die Frage offen, was die Polizei und die wahrscheinlich hinter der Polizei stehenden innerparteilichen Kräfte mit dem Verfahren eigentlich erreichen wollten.
Der Verlag „Magvetö" bestellte 1970 das Manuskript mit dem Titel „Stücklohn" bei Haraszti, verbunden mit einem regulären Vertrag, obwohl der Autor bereits unter Polizeiaufsicht stand. Der Verleger György Kardos konnte sich damals solch liberale Gesten leisten, auch gegenüber anderen kompromittierten Intellektuellen. In den frühen siebziger Jahren gehörte es für viele Verlagsleiter zum guten Ton, wenn sie verbotenen Autoren z.B. Übersetzungsaufträge vermittelten. Allerdings erklärte der Verlagsleiter, nachdem er das Manuskript gelesen hatte, den Vertrag für null und nichtig und distanzierte sich vom Werk des Autors, das er als „antikommunistisch" bezeichnete. Dieser Brief war Bestandteil der Gerichtsmaterialien, ebenso das ablehnende Gutachten des Verlagslektors. Dem Staatssicherheitsdienst oder dem ZK gegenüber suchte sich der Verlag offenbar reinzuwaschen, hatte er doch mit seinem unverantwortlichen Liberalismus einem staatsfeindlichen Delikt Vorschub geleistet.
Die Jagd der Behörden auf Manuskripte hatte natürlich nicht mit dem Fall Haraszti begonnen. In den sechziger Jahren ließ man zahlreichen kleinen Literatengruppen

den Rang einer „kriminellen Vereinigung" zukommen. Mehrere nicht prominente Autoren oder einfach nicht von den Machthabern geschützte Dilettanten waren in die Fänge der Polizei geraten. Ich selbst habe 1970 in einer Eingabe an den damaligen Innenminister im Zusammenhang mit einer gegen mich verhängten Polizeiaufsicht geäußert, die Behörden würden bei Verhören grundsätzlich jedes nicht veröffentlichte Manuskript als „verboten" einstufen. Autoren, die chronische Publikationsschwierigkeiten hatten, wurden als „asoziale Elemente" behandelt. Gegen sie ließ sich leicht der Paragraph des „Parasitentums" anwenden – vor allem dann, wenn sie, häufig bedingt durch ihre politische Einstellung, nicht die Möglichkeit hatten, einem regulären Broterwerb nachzugehen.

Die neue Qualität im Fall Haraszti bestand darin, daß sich der Staatssicherheitsdienst nicht mehr damit zufrieden gab, den Autor, wie früher schon geschehen, unter Hausarrest zu stellen. Man wollte eine Gerichtsverhandlung gegen ihn in Gang bringen, um mit Hilfe eines Präzedenzfalls die Manuskriptliteratur zu liquidieren.

Das Unternehmen mißlang, die Kühnheit und Intelligenz des Angeklagten obsiegte. Haraszti verweigerte im Verhör strikt die Beantwortung der ihm gestellten Fragen. Vielmehr machte er zur Bedingung, man möge ihm zunächst den staatsfeindlichen Charakter seines Buches beweisen. Gleichzeitig trat er aus Protest gegen seine Festnahme in einen unbefristeten Hungerstreik. Er forderte, aus der Haft entlassen zu werden und sich auf freiem Fuß verteidigen zu können. Nach drei Wochen gaben die Behörden dem Verlangen nach, und damit war ihr Fiasko bei der Gerichtsverhandlung schon besiegelt.

Aber noch aus einem anderen Grund war der „Stücklohn-Prozeß" von Anfang an zum Scheitern verurteilt. Die dreizehn Autoren, die man als Zeugen vorgeladen hatte – unter ihnen György Konrád, András Hegedüs und Iván Szelényi – bewegten sich selbst am Rande der Legalität, und jeder verfügte reichlich über verdächtige, weil unveröffentlichte Manuskripte. Der Prozeß fand im Oktober 1973 in Budapest statt. Einem Prozeßbericht zufolge nann-

ten die Zeugen auf die Frage der Richterin, in wieviel Exemplaren sie ihre Werke gewöhnlich vervielfältigten, eine Zahl zwischen sechs und sechzehn. Im Protokoll der polizeilichen Untersuchung war von achtzehn Exemplaren des Haraszti-Werkes die Rede. Die Zeugen, Literaten unterschiedlichster Couleur, nahmen den „Stücklohn" ausdrücklich in Schutz (s. Dokument Nr. 1):
„Judit Máriassy, Filmkritikerin:
Ich fand das Buch naiv, obwohl mir die lyrische Sprache gefiel.
András Nyerges, Dichter:
Die Beschreibung der Verhältnisse fand ich gut, nur die Beurteilung kam mir langweilig vor. Alles in allem eine positive Kritik.
György Konrád, Schriftsteller:
Es handelt sich um eines der besten Werke der soziographischen Literatur Ungarns.
András Hegedüs, Soziologe:
Ein konstruktives Buch, das die Arbeiterreaktionen auf die negativen Auswirkungen des Stücklohns zurückhaltend beschreibt. Wir haben viel härtere Reaktionen in unseren soziologischen Untersuchungen.
Miklós Mészöly, Schriftsteller:
Sehr gut ist, daß es sich nicht um eine Analyse von außen handelt, sondern um eine Untersuchung, die aus der Arbeit in der Fabrik heraus entstanden ist. Moralisch und intellektuell gesehen ist es eine ehrbare Auseinandersetzung mit dem Gegenstand der Untersuchung.
Iván Szelényi, Soziologe:
Wissenschaftlich gesehen enthält das Buch nichts Neues. Die Phänomene, die Gegenstand seiner Untersuchung sind, wurden bereits in anderen soziologischen Studien beschrieben. Es handelt sich jedoch um eine sehr interessante Dokumentation der Soziographie."
Der ermittelnden Behörde unterliefen aber auch rein technische Fehler. Der gravierendste war, daß nach Meinung des Typoskriptexperten einige Exemplare des „Stücklohns" auf einer elektrischen Schreibmaschine getippt worden waren. Haraszti, der bei der Polizei keine Fragen

beantwortet hatte, meldete sich jetzt zu Wort und gab die Adresse der Leihstelle zu Protokoll, bei der er eine mechanische Schreibmaschine ausgeliehen hatte. Sein Verteidiger fügte hinzu, ein Sachverständiger, der eine elektrische Schreibmaschine nicht von einer mechanischen unterscheiden könne, dürfe sich nicht Experte nennen.

An dieser Stelle sei mir eine vielleicht besserwisserisch anmutende Bemerkung gestattet. Die Entstehung und Weiterentwicklung des ungarischen Samisdat ist gewissermaßen ein Teil der Geschichte der ungarischen Sicherheitsorgane. Wer auch immer sich später einmal unvoreingenommen mit diesem Zusammenhang beschäftigt, möge sich folgende Erwägungen vor Augen führen. Die Geheimpolizei gehört zu demselben System, das auch eine liberale Kulturpolitik betreibt. Aber ein Vernehmungsoffizier ist niemals so populär wie ein Minister, der Auszeichnungen erteilt. Es entspricht einer durchaus nicht nebensächlichen Funktion der Staatssicherheitsdienste in sozialistischen Ländern, sämtliche Antipathien der kritischen Intelligenz und der jeweiligen Opposition auf sich zu vereinen. Dies geschieht immer dann in verstärktem Maße, wenn die Partei sich aus taktischen Gründen von einer Entscheidung der Geheimpolizei distanziert und deren ursprüngliche Absichten zunichte macht. Bei manchen „Übergriffen" des Staatssicherheitsdienstes spielen deshalb unverarbeitete berufliche Frustrationen zweifellos eine erhebliche Rolle. Immerhin waren zum Beispiel die heißen Tage von 1956 für die ungarische politische Polizei ein wahrer Schock, da sie viel mehr der berechtigten Wut der Massen ausgeliefert war als die Partei, deren Anweisungen sie befolgt hatte.

Zum Fiasko dieses ersten Samisdatprozesses in Ungarn trug nicht nur der Mut der Intellektuellen und die Schlampigkeit der Behörden bei. Die Kulturpolitiker meinten zu Recht, daß die Polizei in diesem Fall, vielleicht ermuntert durch konservative Parteikreise, ihre Kompetenzen überschritten habe. Die Polizei hatte sich nicht nur in den literarischen Schaffensprozeß gemischt, sondern auch die ästhetische Empfindlichkeit der Zensur verletzt. Ein öffentliches Gerichtsverfahren wäre den außenpolitischen

Interessen des Landes nicht dienlich gewesen, weil es dem Angeklagten eine propagandistische Chance gegeben hätte. Deshalb wurde der Fall schnell ad acta gelegt und der Autor zu acht Monaten Gefängnis auf Bewährung, einer relativ milden Strafe also, verurteilt. Wenn wir an dieses Urteil nicht den Maßstab elementaren Rechts anlegen – und weshalb sollten wir ein so gediegenes Maß verwenden? – könnte man es geradezu als einen wahren Triumph des Liberalismus feiern.

Ein Jahr später erschien der „Stücklohn" im Berliner Rotbuch-Verlag, mit einem Vorwort von Heinrich Böll. Das Werk wurde bald in elf europäische Sprachen übersetzt. Die ungarischen Behörden erhoben keinen Einwand mehr gegen diese offensichtliche Verletzung geschriebenen Gesetzes. Auch die Lukács-Schüler bestrafte man nicht, als der Berliner Merve-Verlag eine Auswahl ihrer Schriften, zeitgleich mit dem „Stücklohn", herausbrachte. Die auf den ersten Blick unverständlich wirkende bzw. zwiespältige Reaktion spiegelt vermutlich die Differenzen innerhalb der Parteiführung wider. Der in die zweite Linie verdrängte, aber nicht endgültig aus dem Verkehr gezogene György Aczél lieferte seinen Gegnern im Politbüro hartnäckige Rückzugsgefechte. Kádár hatte wenig Grund, sich in die Arme seiner konservativen Genossen zu werfen.

Nach dem Haraszti-Prozeß versuchte die Polizei noch zweimal, wiederum Manuskripte als Vorwand nutzend, die Ruhe der wissenschaftlichen und künstlerischen Intelligenz zu stören. Im Sommer 1974 wurde der Philosoph Ferenc Fehér für drei Tage festgenommen. Alle ehemaligen Lukács-Schüler wurden verhört. Anlaß zu diesem Verfahren bot ein philosophischer Essay von György Márkus, der angeblich zwecks Veröffentlichung in den Westen geschmuggelt werden sollte. Das Ergebnis der behördlichen Aktionen war recht kläglich: Fehér wurde nach einer polizeilichen Verwarnung freigelassen. Márkus, der Verfasser des inkriminierten Manuskripts, war nicht einmal als Zeuge vernommen worden. Es ging also in erster Linie um Einschüchterung.

Bedeutender und auch bedrohlicher war der „Fall Konrád-Szelényi“. Im Oktober 1974 wurde der Schriftsteller György Konrád festgenommen, drei Tage danach der Soziologe Iván Szelény. Die Verhaftung des letzteren wäre durchaus eine gute Szene in einem der satirisch-naturalistischen Filme des Regisseurs Béla Bacsó: Szelényi wurde vor dem städtischen Dampfbad festgenommen, nachdem die Leute vom Sicherheitsdienst die Freuden der Sauna mit ihm geteilt hatten. Er und Konrád waren eine Woche lang inhaftiert, bedingt durch ihr gemeinsam verfaßtes Manuskript „Der Weg der Intelligenz zur Klassenmacht“. Der Vorfall löste in der Öffentlichkeit Unruhe aus. Zahlreiche Zeugen wurden vorgeladen. Vielen wurde der Eindruck vermittelt, es stünde ein viel größerer Prozeß bevor als im Fall Haraszti. Aber der kreißende Berg hatte wieder einmal ein Mäuslein geboren. Nur die Betroffenen selbst fanden die Sache nicht komisch. Szelényi stellte einen Ausbürgerungsantrag. Auch Konrád wollte eine Zeitlang ins Exil gehen. Im November 1974 erwog sogar eine ganze Gruppe Intellektueller – unter ihnen ehemalige Lukács-Schüler – den Plan eines gemeinsamen Exodus.

Der „Fall Konrád-Szelényi“ erwies sich als komplettes Fiasko. Zu welchem Schluß die Analyse des heiß umstrittenen und mehrfach beschlagnahmten Manuskript auch gelangen mag, eines muß mit allem Nachdruck festgestellt werden: die Arbeit war durch ihren essayistisch-lyrischen und meditativen Ton wenig geeignet, Haß gegen die Staatsmacht zu schüren. Eher hätte diesem Zweck noch das Buch von Haraszti entsprochen, obwohl „Stücklohn“ stark deskriptiv ist und der Autor mit seiner Abhandlung vor allem danach trachtete, seine Kollegen „aufzuhetzen“. Oder anders ausgedrückt: bestünde die Möglichkeit, die ungarische Arbeiterschaft mit Zuständen, wie sie im „Stücklohn“ beschrieben werden, aufzuwiegeln, so wäre die Gewerkschaft „Solidarność“ nicht in Gdańsk, sondern vielleicht in Csepel entstanden.

Schließlich stoppte die Parteiführung das Verfahren. Der anwachsende internationale Protest machte ihr Sorgen, zumal sich nun auch eurokommunistische Stimmen zu

Wort meldeten. Die Folgen waren denen des Haraszti-Prozesses sehr ähnlich. Als das Manuskript nach wenigen Jahren in etlichen westeuropäischen Ländern erschien, gab es keine offizielle Stimme, die Einspruch dagegen erhob.
Die „Manuskript-Prozesse" zeitigten jedoch eine negative Konsequenz: einige Lukács-Schüler emigrierten, als die Kulturbürokratie gerade bereit war, mit den vom Berufsverbot Betroffenen einen Kompromiß auszuhandeln. Zu spät. Fehér, Heller und Márkus erhielten Lehraufträge in Australien, Vajda in Bremen (er kehrte später allerdings nach Ungarn zurück). Die Auswanderungen lösten in verschiedenen Kreisen der Intelligenz recht gemischte Gefühle aus. Ein Publizist, der Rumänienungar Péter Biró, notierte, stellvertretend für viele verurteilende Meinungen, in seinem „Europäischen Tagebuch": „Der derzeitige Weggang von Heller und K. ist sicherlich eine Flucht. Nicht unbedingt im physischen Sinne, nicht einfach, weil sie das Land verlassen. Dies ist nur ein äußeres Symptom der eigentlichen, grundsätzlichen, politischen ‚Desertion'. In Osteuropa läßt sich heute kein konsequent oppositionelles Programm formulieren ... ohne eine zivile Demokratie zu fordern, eine vollständige institutionelle Struktur *der* Demokratie, ohne einen politischen, ökonomischen und kulturellen Pluralismus zu fordern sowie Pluralismus im Machtbereich. Heller und ihre Freunde flüchten davor, die Niederlage ihres doktrinären, absolutistischen Revolutionarismus zur Kenntnis zu nehmen. Dies ist die Niederlage des ungarischen Marxismus schlechthin, denn sie bildeten den letzten aktiven, schöpferischen Kern jener Strömung, die mit der internationalen kommunistischen Bewegung im Zusammenhang steht. Mit ihrem Weggang berauben sie den geistig noch aktiven Marxismus der Möglichkeit, Teil der politischen Kultur des Landes zu werden..."
Ich teile die Rigorosität von Péter Biró nicht, denn meiner Meinung nach gibt es Bereiche – etwa Liebe, Gottesglaube, Exil – wo man sich mit guten Ratschlägen besser zurückhalten sollte. Es ist aber eine Tatsache, daß die Aus-

wanderung von Heller, Fehér und Márkus einen Verlust für die ungarische Kultur bedeutete, unabhängig davon, ob und inwieweit der von ihnen vertretene Marxismus einen organischen Teil der ungarischen Geistesentwicklung darstellte. (Sie selbst haben, nach ihren späteren Schriften zu urteilen, von der Weltanschauung ihrer Jugend Abschied genommen). Und eines kann man ohne weiteres festhalten: die offizielle ungarische Kulturpolitik war für den Hintergrund und die äußeren Bedingungen, die zur Emigration der Lukács-Schüler führten, unmittelbar verantwortlich.

Für die Daheimgebliebenen folgten relativ schwierige Jahre. Angestellte des öffentlichen Dienstes lernten die Arbeitslosigkeit kennen, Reiselustige die Beschlagnahme ihrer Pässe, Autoren, die früher viel veröffentlicht hatten, die Ablehnungsbescheide von Redaktionen und Verlagen. Die Situation war bei weitem nicht so dramatisch wie etwa zur gleichen Zeit in der DDR, der Tschechoslowakei und in anderen Nachbarländern, aber das war für die Betroffenen nur ein schwacher Trost. Alles schien mehr oder minder seinen „normalen Gang“ zu gehen. Und doch, etwas hatte sich verändert. Die abgelehnten Manuskripte verschwanden nicht mehr automatisch in der Versenkung. Bei Zusammenkünften im Freundeskreis wurde häufig aus ihnen gelesen. In zunehmenden Maße fertigte man Kopien an, und diese kursierten in größeren Leserkreisen als zuvor. Die polizeiliche Rabulistik fiel auf den Apparat zurück. Zu Beginn der siebziger Jahre galt bei Verhören das Prinzip: alles, was offiziell nicht genehmigt ist, also nicht veröffentlicht wurde, ist verboten. Die Autoren gingen nun davon aus: alles, was offiziell nicht verboten ist, wogegen also kein Prozeß eingeleitet wird, ist erlaubt. Diese veränderte Stimmung ermöglichte in Verbindung mit der sich anhäufenden Masse der Manuskripte die Entstehung einer systematischen Samisdat-Kultur.

Die Entstehung der ungarischen Opposition

Die Geburt des ungarischen Samisdat verlief wenig feierlich und nicht gerade dramatisch. Bence und Kis hatten einen aus dem Französischen rückübersetzten Text des inzwischen im Exil lebenden Soziologen Iván Szelényi mit einem kritischen Kommentar versehen. Den Artikel, der in etwa zwei Dutzend Exemplaren vervielfältigt worden war, hefteten sie in einer Mappe ab. Auf dem Deckblatt stand: „Samisdat 1976". In gleicher Form erschien eine Arbeit von András Hegedüs, „Demokratie und Sozialismus im Osten und im Westen", sowie eine politische Analyse von Bence und Kis, die damals noch mit dem Pseudonym „Rakowski" zeichneten. Von 1976 bis 1980 wurde die Auflagenhöhe von jeweils ca. 200 Exemplaren nicht überschritten. Die Vervielfältigungstechnologie bestand im wesentlichen aus der Schreibmaschine, immer häufiger durch Trockenkopien ergänzt. Privatpersonen brauchten eine Sondergenehmigung, wenn sie über ein Kopiergerät verfügen wollten. Folglich stellte man die Kopien auf Geräten der verschiedensten Institutionen und Firmen her.

Es wäre übertrieben, wollte man behaupten, das zarte Pflänzchen der ungarischen Untergrundliteratur sei unter sicherheitspolitischen Gesichtspunkten besonders gefährlich gewesen. Die Stabilität schien ungetrübt, das ökonomische Wachstum stockte zwar, aber nicht in solchem Umfang, daß es bereits sichtbar gewesen wäre. Im Gegenteil, das Straßenbild begeisterte die Westtouristen und die DDR-Bürger. Letzteren drängte sich beim Besuch eines Budapester Delicatesse-Ladens der Eindruck auf, in eine Intershop-Filiale geraten zu sein. Die Wohlstandsatmosphäre trug dazu bei, das Prestige des Landes in der internationalen Öffentlichkeit zu erhöhen. Da sich nach Helsinki die diplomatischen Beziehungen belebt hatten, war es auch möglich, die Ernte dieser Erfolge einzubringen: Kádár besuchte 1977 den Vatikan, 1978 die Bundesrepublik Deutschland. Im Frühjahr 1978 übergab der amerikanische Außenminister Vance die Krone Stephans des Heiligen, des ersten ungarischen Königs, die Teil der US-Kriegsbeute gewesen war.

Im Zusammenhang dieser für osteuropäische Verhältnisse ausgesprochen angenehmen Atmosphäre muß die Entstehung der ungarischen Opposition betrachtet werden. Nach Jahren politischer Verhärtung ließ sich im Kulturbetrieb wieder freier atmen, freier noch als in den reformvorbereitenden sechziger Jahren. Eine Reihe von sozialkritischen Filmen wurde gedreht, über Kriminalität, über die Armut, über Randgruppen wie etwa die Zigeuner – alles Themen, die früher gar nicht oder nur mit viel Vorsicht behandelt wurden. Ein Signal für die Wiederauferstehung der Reformökonomie war das Erscheinen eines Buches von János Kornai mit dem Titel „Der Mangel". Der Liedermacher Tamás Cseh, der in seinen Chansons dem Lebensgefühl der Generation Ausdruck verlieh, die in der „engen Luft der fünfziger Jahre" aufgewachsen war, konnte erstmalig Schallplatten pressen lassen und war nicht mehr auf die halblegale Verbreitung von Kassetten angewiesen (allerdings bleibt die Frage offen, ob der andere Weg – der von Biermann oder Wyssotzki – künstlerisch nicht letztlich produktiver war). Neue Popgruppen durchbrachen mit gelegentlich beachtenswerter Aggressivität die Schranken der Zensur (das Publikum der Gruppe „Beatrice" galt als ungarische Punk-Generation). Die jungen Schriftsteller setzten nach langem Hin und Her das Erscheinen einer avantgardistischen und sozialkritischen Zeitschrift durch („Mozgo Világ" = „Welt in Bewegung") und genossen in ihrem „Attila-József-Kreis" eine gewisse Autonomie. Das Provinztheater in Kaposvár vermochte sich eine eigensinnige Programmgestaltung leisten. Auch frühere kulturpolitische Entscheidungen wurden überprüft. So wurde der Film „Der Zeuge" von Péter Bacsó, eine vollblütig-naturalistische Komödie à la Dario Fo über die stalinistischen Schauprozesse der fünfziger Jahre, aus der Mottenkiste geholt und drei Jahre lang in einem Kino gespielt. Im oppositionellen Bereich gab es eine noch bedeutendere, für ein sozialistisches Land einzigartige Wende. 1977 veröffentlichte der Verlag Magvetö den Roman „Der Stadtgründer" von György Konrád. Der Autor selbst verfügte über ein Auslandsvisum, um ein DAAD-Sti-

pendium wahrnehmen zu können. Wenig später ermöglichte man auch Miklós Haraszti die Annahme eines Stipendiums im Westen. Mehr und mehr wurde es üblich, die Dissidenten für eine kürzere oder längere Zeit zu „exportieren". Dies geschah nicht etwa in der Absicht, sie zu verbannen, wie es gelegentlich in der DDR oder der Tschechoslowakei vorkommt, sondern einfach, um sie eine Zeitlang von ihrer gewohnten Umgebung fernzuhalten.
Diese in ihrer Form für Osteuropa so untypische Toleranz übte von Beginn an auf die Struktur und den Charakter der ungarischen Opposition entscheidenden Einfluß aus. Die vierunddreißig Personen, die im Januar 1977 in einem Brief an Pavel Kohout ihre Solidarität mit den Unterzeichnern der Charta 77 bekundeten, wußten natürlich nicht von vornherein, daß die Behörden passiv reagieren würden. Aber die Unterschriftenkampagne war mehr als eine grundsätzliche Geste: sie war die Konstituierung der demokratischen Opposition. Die Erklärung wurde im Sender „Freies Europa" mehrmals verlesen. Die Weltpresse brachte die ungarischen „Chartisten" in Verbindung mit den osteuropäischen Bürgerrechtsbewegungen. Indirekt hatte man also Anteil an Carters Menschenrechtspolitik. Ein Jahrzehnt zuvor noch hätte ein solcher Zusammenhang ausgereicht, um harte Maßnahmen gegen die Beteiligten einzuleiten und die Unterzeichner „objektiv" als Westagenten zu desavouieren. Aber eben dieselbe amerikanische Politik, die in jährlichen Kongreßberichten erörterte, wie man in osteuropäischen Ländern mit der Opposition umging, bot gleichzeitig den sich mit ökonomischen Schwierigkeiten herumschlagenden Oligarchien hinter dem Eisernen Vorhang ihre helfende Hand. Durch diese Integrationspolitik wurde sowohl die Propaganda des Kalten Krieges als auch der militante, eher verbale Antiimperialismus der kleinen sozialistischen Länder weitgehend seiner Glaubwürdigkeit beraubt.
In dieser mehr als zwiespältigen Situation war die Passivität der ungarischen Behörden als Signal für den Westen gedacht: *wir* sind liberal, lautete die Botschaft, und wenn wir hier und da nicht ganz so liberal erscheinen, dann hat

das mit äußerem Druck zu tun. Der internationale Presseerfolg der ungarischen Oppositionellen wurde sehr bald zu einem der ungarischen Regierung. Innenpolitisch geriet die Opposition ins Zwielicht. In Osteuropa ist es traditionsgemäß kompromittierend, wenn jemand, der sich kritisch äußert, straffrei ausgeht. Viele vertreten die nicht gar so unbegründete Meinung, das System betreibe mit der Opposition eine Art gemeinsamer Politik. Es gab auch einige Anzeichen dafür, daß zumindest einzelne Dissidenten dabei recht gerne mitspielten. So ließ sich zum Beispiel eine Äußerung von Ferenc Fehér, die Unterschriftensammlung zugunsten der Charta 77 sei keineswegs eine Reaktion auf die Verhältnisse in Ungarn, schwerlich anders verstehen. Allerdings wurde Fehérs Interview von den „Chartisten" heftig kritisiert.

Die Behörden verhielten sich zweifellos geschickt, und daran ändert auch die Tatsache nichts, daß die kleine Gruppe oppositioneller Intellektueller keine wirkliche Bedrohung des sozialen Friedens darstellte. Die Generation der Funktionäre, die in Ungarn die Macht verkörperten, war schon ganz anderen Situationen gegenübergestanden. Als einzige herrschende Elite eines sozialistischen Landes hatte sie ihre Macht schon einmal, wenn auch nur für elf Tage, verloren – nach dem 23. Oktober 1956. Aber auch die Bevölkerung hatte in jenen Oktobertagen eine bittere und blutige Erfahrung gemacht, nämlich die, daß es sich nicht lohnt, ein Regime zu stürzen, wenn dies eine militärische Einmischung der Sowjetunion nach sich zieht. Aus beiden Einsichten erwuchs ein unausgesprochener Konsens, den keine gesellschaftliche Kraft in Frage stellte, solange die sozialen Rahmenbedingungen in den Grenzen des Erträglichen blieben. Um es konkreter zu sagen: eine Gesellschaft, die noch die Perspektive einer materiellen Besserstellung und Bereicherung vor Augen hat, ist durch keine Art von Manuskriptliteratur oder Unterschriftensammlung destabilisierbar.

Ebensowenig war die Parteiführung von der Sorge geplagt, die entstehende Opposition könnte möglicherweise unter den politisierenden Gruppen der Intelligenzija an Einfluß gewinnen. Obwohl die wissenschaftliche und künstlerische Tätigkeit durch die Erstarrung der Kulturpolitik ein wenig erschwert worden war, blieb die Kontinuität des kulturellen Pluralismus auch Mitte der siebziger Jahre erhalten. Um so mehr waren der Samisdat und die sich um ihn gruppierende Opposition gezwungen, ihre Funktion im geistigen Leben des Landes zu *beweisen*, eine Rechtfertigung, die in der Sowjetunion oder in der CSSR nicht erforderlich ist.

Die Tatsache, daß sich die demokratische Opposition zu Beginn ausgerechnet für eine ausländische, und zwar tschechoslowakische, Angelegenheit engagierte, spricht für das übernationale Selbstbewußtsein dieser Generation. Gleichzeitig verweist dieser Umstand auf Nachteile der Gruppe. Die Osteuropa–Politologie von Bence und Kis, entstanden aus dem Marxismus Lukácsscher Prägung, hing zumindest anfangs nicht allzu eng mit den Fragen zusammen, die den größeren Teil der ungarischen Intelligenz beschäftigten: mit dem Problembereich der nationalen Identität, mit der Situation ungarischer Minderheiten jenseits der Grenze, vor allem in Rumänien, mit dem Aufstand von 1956.

Von den vierunddreißig Charta–Unterstützern bildeten nur einige wenige jenen harten Kern, der sich nach dem Ausbleiben von Repressalien ermuntert fühlte, weiterhin Manuskripte zu verbreiten. Der Philosoph András Kovács befragte zu Beginn des Jahres 1977 Vertreter seiner Generation nach ihrer Meinung über den Marxismus, die gemeinsame Ideologie ihrer Jugend. Die Antworten von etwa zwanzig Autoren wurden in einer sehr niedrigen Auflage in Umlauf gebracht. Die Mehrheit der Befragten distanzierte sich vom Marxismus – der eine eher drastisch, der andere subtil. Als Beispiel einer mehr frustriert-nostalgischen Stellungnahme sei die Äußerung von Miklós Haraszti zitiert. Er schrieb: „Ich bedauere es nicht, daß ich Marxist war, und ich bedauere auch nicht, daß ich keiner mehr bin. Was das Denken im Sinne einer historischen Planung betrifft, so prophezeihe ich für mich persönlich eine ziemlich lange Pause“ (s. Dokument Nr. 3).

Diese Umfrage mit dem Titel „Marx im vierten Jahrzehnt", der sowohl auf die vierzig Jahre Sozialismus in Ungarn als auch auf das Lebensalter der meisten Autoren anspielt, war jedoch mehr eine innere Angelegenheit der Opposition. Der „Vatermord" richtete nicht immer den Begründer des wissenschaftlichen Sozialismus, sondern eher die ihn vereinnahmende Parteiideologie. In einigen Fällen galt er György Lukács, dem Autor von „Geschichte und Klassenbewußtsein", der inzwischen längst auf einer entfernten rosa Wolke saß und eine seiner legendären Zigarren rauchte.
Den eindeutigen Nachweis, daß Ungarn eine unzensierte Literatur braucht, erbrachte János Kenedi mit seiner fast tausend Seiten umfassenden Anthologie „Profil". Kenedi nahm in den Sammelband, der Anfang 1978 erschien, Manuskripte auf, die von ihren Autoren zwecks Veröffentlichung geschrieben worden waren, aber von Verlagen und Redaktionen unter den verschiedensten Vorwänden abgelehnt worden waren. Eine dieser Ablehnungsbegründungen lautete, das betreffende Mansukript passe nicht ins „Profil" des Verlages bzw. der Redaktion und lieferte somit den Titel der Anthologie. Eine gekürzte Ausgabe erschien später bei einem Pariser Exilverlag in ungarischer, bei der Édition Seuil in französischer Sprache.
Die belletristischen, soziographischen, publizistischen und geschichtswissenschaftlichen Texte in „Profil" stellten den gesamten Tabukatalog des offiziellen ungarischen Literaturbetriebs in Frage. Der Schriftsteller Zsolt Csalog schrieb über die Erinnerungen eines ehemaligen ungarischen Kriegsgefangenen im Gulag, der Soziologe Zoltán Zsille kritisierte die ungarische Wirtschaft wegen ihrer „künstlich erzeugten Desorganisation", der Architekt László Rajk beschäftigte sich mit der Informationsmanipulation im Bauwesen. Ein soziographischer Artikel handelte von der Lage ungarischer Gastarbeiter in der DDR, in einem Interview ging es um die offiziell nicht existierende Prostitution in Ungarn. Die Soziologin Ottilia Solt setzte sich mit dem Problem der ebenfalls offiziell geleugneten Armut auseinander, und die Philosophin Éva Karádi schil-

derte die Diskussionen der verschiedenen philosophischen Schulen in der Sowjetunion der zwanziger Jahre. Weiter enthielt die Sammlung Gedichte von György Petri, fast der einzige literarische Beitrag in der Auswahl. Der Mangel an lyrischen Texten in der repräsentativen Anthologie des ungarischen Samisdat ist nicht verwunderlich. In Ungarn ist die Dichtung noch immer in einer relativ privilegierten Situation. Manche Inhalte, die in einer pragmatischeren Form höchstens als vertrauliche Korrespondenz innerhalb der Institutionen existieren könnten, sind in lyrischem Gewand noch immer „verkäuflich".
Zwei anonyme Autoren des „Profils" analysierten die ungarische Gesellschaft unter dem Blickwinkel der Menschenrechte. Ihrer Abhandlung gaben sie den Titel „Archipel Gulasch" – eine Parodie der im Westen weit verbreiteten Floskel über Ungarn als „der lustigsten Baracke im Lager". Statistische Schätzungen führten die Autoren zu dem Schluß, in Ungarn gebe es jährlich etwa 250 politische Prozesse. Diese richteten sich jedoch nicht gegen prominente Dissidenten, sondern gegen einfache Werktätige – so etwa, wenn ein betrunkener Arbeiter in der Kneipe auf das System geschimpft habe. Das Politikum solcher Delikte besteht also darin, daß sie von der Staatsmacht als strafwürdig erachtet werden.
Die beiden Ursamisdat stellten eine Übergangsform der Untergrundliteratur dar. Die traditionelle Schreibmaschinentechnik und der große Umfang der Manuskripte ließ die Verbreitung schwerfällig werden. In bezug auf die Anthologie „Profil" ist dies wörtlich zu verstehen. Die Artikelsammlung wurde in Privatwohnungen aufbewahrt, die Leser erschienen, um von der mehrere Kilogramm wiegenden verbotenen Frucht zu kosten. Zwar entstanden neue Kommunikationsmöglichkeiten, zur Verbreitung der Manuskripte aber trugen diese Treffen wenig bei. Sowohl die Redakteure als auch einige Autoren der Marx-Umfrage und der „Profil"-Anthologie verloren ihren Arbeitsplatz, andere erhielten zeitweilig Publikationsverbot.
Erwähnenswert ist noch ein drittes Unternehmen des Jahres 1977. Es handelt sich um das „Tagebuch", verbreitet in

drei Exemplaren und initiiert von einigen Intellektuellen. Alle Autoren zeichneten mit ihrem eigenen Namen und ihrer vollen Adresse. Von den dreißig Beteiligten behielt jeder das Tagebuch eine Woche lang und fügte persönliche oder politische Reflexionen hinzu. Viele versahen es mit Zeitungsausschnitten, Fotos oder Kopien von offiziellen Dokumenten. Das schneeballartig anwachsende Manuskript nahm den Charakter eines internen Mitteilungsblattes der Opposition an. Manche Eintragungen im „Tagebuch“ bewegten sich am Rande des guten Geschmacks. Nicht selten wurden persönliche Feindseligkeiten ausgetragen. Gleichwohl kann man ohne Übertreibung sagen, daß dieses Dokument, eine Art Geheimarchiv der Stimmung der Intelligenzija, von kulturhistorischem Interesse ist.

Natürlich war nicht zuletzt die Zensur ein beliebtes Thema der unzensierten Literatur. Die staatliche Kontrolle der Literatur zu dokumentieren, war jedoch so neu nicht. Mitte der siebziger Jahre stellte ich selbst eine Auswahl von Ablehnungsbriefen verschiedener Verlage und Redaktionen zusammen. János Kenedi sammelte zur gleichen Zeit das diesbezügliche Œuvre des Direktors vom Magvetö-Verlag. Wer sich schon früh mit dem Samisdat befaßte, hatte 1977/78 das Vergnügen, zwei hervorragende Dokumente der Verlagszensur kennenzulernen. Der eine Lekkerbissen bestand aus einer Liste der offiziellen Streichungen aus dem Roman „Der Stadtgründer“ von György Konrád. Der Samisdat bediente sich dabei sogar der technischen Raffinesse, die inkriminierten Textteile im gleichen Format wie das Buch vorzulegen, so daß man sie an den entsprechenden Stellen einkleben konnte.

Das andere wichtige Zensurdokument betraf die Streichungen aus „Glauben ohne Illusion“, den Erinnerungen des Grafen Károlyi. Im Unterschied zu der britischen Ausgabe waren in der ungarischen Variante jene Textpassagen weggelassen worden, die an sowjetische Empfindlichkeiten hätten rühren können. Doch schon die Herausgabe der Memoiren stellte eine gewisse Offensivität gegenüber dem Großen Verbündeten dar. Károlyi, Präsident der Ersten

Ungarischen Republik 1918, war nämlich eine Zeitlang Gegner der Kommunisten gewesen, und Lenin in seiner etwas übereiligen Art hatte ihn den „ungarischen Kerenskij" genannt.

Zum Thema „Zensur" gehörte auch die Publizistik von István Eörsi. Als Schriftsteller profilierte er sich mit legalen Veröffentlichungen, vor allem in der Wochenzeitschrift „Élet és Trodalom", wo er als intellektueller Seiltänzer versuchte, bis zur Grenze des Möglichen zu gehen. Viele, die die Eleganz bewunderten, mit der Eörsi die von Brecht erwähnten „Fünf Schwierigkeiten beim Schreiben der Wahrheit" bewältigt hatte, fragten sich vermutlich: was würde dieser Autor schreiben, wenn er keine Rücksichten zu nehmen hätte? Als Eörsi im Samisdat immer häufiger veröffentlichte, wurde klar, daß er das gleiche wie in der offiziellen Presse schrieb, nur war seine Themenwahl etwas breiter gefaßt. Von seinen vielen Beiträgen zur Zensur sei sein Brief an György Aczél hervorgehoben, weil in ihm eine wenig gewürdigte Funktion der ungarischen Zensur beleuchtet wird: der Schutz der literarischen Autoritäten.

Eörsi wandte sich mit dem Schreiben an den damals maßgeblichen Kulturpolitiker der Partei, weil der Kulturminister ihm verboten hatte, eine bereits in der Presse erschienene Kritik über den Dichterfürsten Ferenc Juhász in einen geplanten Sammelband aufzunehmen. Nach Ansicht des Ministers war Juhász Bestandteil der offiziellen Kulturpolitik, und jeder, der ihn kritisierte, attackierte folglich die Kulturpolitik selbst. „Juhász", so polemisierte nun Eörsi, „ist nicht wegen seiner kulturpolitischen Stellung unangreifbar, sondern wegen einer Tatsache rein privater Natur – er ist nämlich ein guter Freund von Ihnen. Solche Zusammenhänge ... stimmen jeden traurig, der in Ungarn von einer gesunden Kritik träumt ... Ich wünsche mir sehr, obwohl ich kaum darauf hoffe, daß Sie meiner erwähnten Rezension grünes Licht geben. All Ihre verbindlichen Erlasse zur Lage der Literatur und zur Kritik sind nämlich überflüssig, solange Sie zulassen, daß in unseren armseligen Wäldern staatlich geschützte Wilderer ihr Unwesen treiben."

Natürlich vermochte Eörsi mit solchen Appellen Erfolge nicht zu erzielen, am wenigsten bei den unmittelbaren Adressaten. Aber er ließ sich nicht entmutigen. Auf dem Schriftstellerkongreß im Dezember 1981 machte er den ironischen Vorschlag, statt der unberechenbaren Verlags- und Redaktionszensur eine rechtlich geregelte offizielle Zensur einzuführen. Der Kádár-Biograph László Gyurkó nahm die Anregung ernst, protestierte und lehnte empört eine solch reaktionäre Institution wie die Zensur ab. Auch das Politbüromitglied Miklós Óvari, verantwortlich für den Bereich Kultur und Ideologie, schüttelte über Eörsis Forderung den Kopf. Daß bei den ungarischen Kulturfunktionären der Humor noch nicht ganz ausgestorben war, bewies nur ein Beitrag des Redakteurs jener Wochenschrift, die Eörsis Artikel veröffentlichte. Er bot dem Autor an, die Aufgaben des Zensors weiterhin freundschaftlich wahrzunehmen.

Eörsi war und ist ein einsamer Kämpfer der oppositionellen Publizistik, obwohl sein Stil eher dem des braven Soldaten Schwejk ähnelt. Doch auch zu anderen Einzelaktionen kam es im Samisdat. Zwei junge Schriftsteller, Péter Farkas und Gábor Németh, später Redakteure der inoffiziellen Zeitschrift „Szféra", starteten eine Umfrage unter achtunddreißig Schriftstellern, Wissenschaftlern, Ingenieuren, Lehrern etc. Es ging um die Zensur, die Freiheit, die nationalen Werte und um das Verhältnis der Intelligenz zu anderen Bevölkerungsschichten (Auch Farkas rechnete sich zur „Normalbevölkerung"; er bezeichnete sich als „privater Landwirt"). Die Interview-Sammlung mit dem Titel „Vom anderen Ufer" blieb anonym und zeigte den Bewußtseinsstand der Befragten auf.

Der interessanteste Teil der Umfrage ist eine Montage mehrerer Antworten unter der Überschrift „Konferenztisch". Die Ansichten der Befragten sind spektakulär gegensätzlich, zum Beispiel in der Frage der Selbstzensur. Ein „Soziologe im Alter zwischen 35 und 40" erklärt einigermaßen drastisch: „Jeder, der sich selbst zensiert, kann mich am Arsch lecken. Es gibt Leute, die sich ihr Grab selber graben und wissen, daß sie später erschossen werden sollen. Die Selbstzensur ist nur eine schwächere Variante davon." Ein „Dichter im Alter zwischen 35 und 40" formuliert etwas subtiler – vielleicht übt er sich in der Selbstzensur: „Die Selbstzensur ist gefährlicher als die Zensur. Denn das, was verboten wird, kann irgendwann noch einmal herausgegeben werden. Aber es ist nicht möglich, ungeschriebene Gedanken und Werke zu veröffentlichen." Nach Auffassung eines „Lehrers im Alter zwischen 40 und 45" hingegen ist „eine getarnte Idee, die man an die Öffentlichkeit bringen kann, viel besser als eine offene, die niemand kennenlernt."

Die ersten Diskussionen in Samisdat–Kreisen

Diese miteinander polemisierenden Auffassungen ergeben insgesamt ein zwiespältiges Bild, und es könnte der Verdacht aufkommen, daß auch in den härtesten Formulierungen eine leichte Doppeldeutigkeit steckt. Nimmt man die Autoren der Sammlung „Vom anderen Ufer" beim Wort, ist dann nicht bereits die Tatsache, daß sie ihre ungekämmten Gedanken anonym bekanntmachen wollen, ein Akt der Selbstzensur?

Zwiespältig war auch die Diskussion, die zwischen János Kenedi auf der einen, Mihály Vajda und Sándor Radnoti auf der anderen Seite entstand. Sie wurde zunächst im bereits erwähnten exklusiven „Tagebuch" geführt, später in der Pariser Exilzeitschrift „Magyar Füzetek" (Ungarische Hefte). Kenedi zeigte sich hier besorgt um die ungarische Intelligenz, der nach seinem Urteil „die Solidarität mit den sozial Benachteiligten" fehle. Seine Anklage richtete sich vor allem gegen die Generation derer, die am Aufstand von 1956 wesentlich beteiligt gewesen waren. „Diese Generation", schrieb er, „hat ihre historische Chance nicht genutzt. Sie hat die Möglichkeit verschenkt, eine relativ gute gesellschaftliche Situation noch zu verbessern, und zwar nicht allein für sich. Sie hat es versäumt, neue Bedürfnisse zu entwickeln, das Regime zu neuen Errungenschaften zu zwingen, und, wenn es sein muß, wenn die Entwicklung stagniert oder rückläufig wird, sogar mit der Angst vor Wiederholung des Aufstands zu drohen. Das Gegenteil war der Fall: die Generation der Sechsundfünfziger erleichterte allen das Vergessen. Um eine solche Entwicklung zu vermeiden, um die Abkapselung der Intelligenz von den verschiedenen Gruppen der Studenten, Arbeiter und Bauern zu verhindern, hätte man ein oppositionelles Programm gebraucht, und zwar ein realistisches Programm, das bereits 1956 gefehlt hat."

Kenedi forderte die Kräfte um den Samisdat auf, Politik zu machen. Sie sollten sich nicht mit der von ihnen verwirklichten Pressefreiheit zufriedengeben, sondern der Gesellschaft ein Programm anbieten. Dieses Verlangen hielt der Philosoph Mihály Vajda, der sich gerade in Bremen aufhielt, zumindest für verfrüht. Sein Diskussionsbeitrag mit dem Titel „Zur Verteidigung der Intelligenz" faßte die damalige Meinung eines definierbaren Kreises innerhalb der Samisdat-Bewegung zusammen, nämlich der mittleren Generation der Lukács-Schüler. „Die Intelligenz", schrieb er, „muß aufmerksam sein, Einsicht zeigen ... Sie muß verdeutlichen, formulieren, was sie gesehen oder beobachtet hat. Aber wenn man versucht, alternative Vorstellungen zu erarbeiten, oppositionelle politische Tätigkeiten zu entwickeln, solange jene soziologisch eingrenzbaren Gruppen nichts von sich hören lassen ... das ist eine typisch avantgardistische Vorstellung... Wir müssen nachdenken und offen aussprechen, was wir denken. Aber eine politische Alternative dürfen wir nicht anbieten."

Der Literaturkritiker Sándor Radnóti vertrat einen ähnlich selbstbeschränkenden Standpunkt. Im „Tagebuch" veröffentlichte er drei Thesen, in denen er seine Erwartungen gegenüber der Samisdat-Bewegung artikulierte:

„1. Der Samisdat, als Organ der oppositionellen politischen *Kultur*, ist eine gute Sache. Als eine zum Heiligtum erhobene politische Opposition ist er keine gute Sache.
2. Der Samisdat ist eine gute Sache, wenn er die möglichen Formen der *Zivilcourage* fördert, unterstützt oder ergänzt. Wenn er die Zivilcourage ersetzt, ist er keine gute Sache.

3. Der Samisdat ist eine gute Sache, wenn er der Selbstdarstellung einer intellektuellen Subkultur dient oder wenn diese ihn dazu benutzt, die ungarische Kultur universell zu entwickeln. Wenn er diese beiden Möglichkeiten miteinander verwechselt, ist er keine gute Sache."

Der unausgesprochene Hintergrund der Diskussionen über den Samisdat war das für osteuropäische Verhältnisse untypische Verhalten der ungarischen Behörden. Aufgrund dieser fast als repressive Toleranz zu bezeichnenden Reaktion stellte sich die kleine Schar von Dissidenten, die sich als intellektuelle Randgruppe verstand, die Frage: Lohnt es sich, noch einen Schritt weiterzugehen? Und wenn ja, in welche Richtung? Die Antwort ergab sich schließlich aus der Eigendynamik der Samisdat-Bewegung selbst, und es entstanden politische Organisationsformen. Aber 1977 – 79 hatten die meisten Betroffenen das Gefühl, sie stünden noch *vor* der Entscheidung. Bence und Kis, geistige Motoren der frühen Opposition, strebten bewußt nach Politisierung und inhaltlicher Zusammenfassung durch ein von Autoren und Lesern des Samisdat erstelltes Minimalprogramm. Natürlich war auch ihrer Aufmerksamkeit nicht entgangen, daß die ungarische Gesellschaft und insbesondere die Intelligenzija zu keiner Art von zivilem Widerstand, nicht einmal zu Zivilcourage reif war. Der ungarischen Öffentlichkeit erschien der Gedanke an Demokratie wie eine Fata morgana, und man glaubte eher an die Möglichkeit einer Liberalisierung. Als Bence und Kis ihr politologisches Konzept zunächst in der Auseinandersetzung mit Szelényi, später mit Hegedüs entwickelten, verstanden sie den Samisdat als Beginn von etwas Neuem. „Es gibt Bewegungen,", schrieben sie, „die irgendeine Tätigkeit der staatlichen Kontrolle entziehen ... Zum Beispiel wird die Verbreitung von literarischen, publizistischen und sozialwissenschaftlichen Werken in Manuskriptform organisiert. Zusammen mit den Auslandsveröffentlichungen kann dieser Manuskriptverkehr später zu einem System werden, zu einer Art zweiter Öffentlichkeit... Es entstehen neue ideologische und kulturelle Strömungen, und man kann ungeachtet von Zensurerwägungen jeden Standpunkt zu Ende denken. Es kann dabei etwas zutage treten, was man unabhängige öffentliche Meinung nennt."

Diesem für den Samisdat entworfenen Programm fehlte jedoch die gesamtgesellschaftliche Ausrichtung. Was eigentlich sollte mit der Gesellschaft geschehen, unter welchen Bedingungen und in welchen Etappen sollte der Prozeß der Demokratisierung vor sich gehen? Es war und es ist klar, daß jede demokratische Bewegung, die diesen Fragen aus dem Weg geht, lediglich der Selbstgefälligkeit und dem Trost der beleidigten Literateneitelkeit dient.

Gesamtgesellschaftliche Veränderungen wurden erstmalig von Hegedüs angesprochen, in Form einer Negativvision. In einem von Bence und Kis veröffentlichten Artikel malte er den Alptraum eines osteuropäischen Mehrparteiensystems an die Wand. „Die Einführung eines Mehrparteiensystems in Osteuropa wäre nur möglich, wenn man sogar das Unmögliche voraussetzt, also nur auf der Grundlage einer Katastrophentheorie, was ich zutiefst ablehne. Sie würde meiner Meinung nach zu schweren Erschütterungen führen, und die ganze Region wäre für lange Zeit eine Gefahrenzone, ein militärisches Krisengebiet. Dies erklärt, warum ich diese Alternative nicht für wünschenswert halte."

Anstelle des risikoreichen Mehrparteiensystems schlug Hegedüs die Bildung autonomer gesellschaftlicher Gruppen zur Kontrolle über den Staat vor. Diese Gruppen sollten seiner Meinung nach an der Macht nicht teilhaben, und selbst die Kontrolle sollten sie nur unter Einbeziehung von nicht machtintegrierten, antibürokratisch gesinnten Experten ausüben. „Das Streben nach Autonomie soll keineswegs als Hobby der außerhalb des Machtbereichs Lebenden verstanden werden, sondern soll unter bestimmten Bedingungen auch innerhalb der Machtstruktur geltend gemacht werden ... Ich gehe davon aus, daß die von mir entworfene Alternative in Osteuropa zu einer pluralistischen Gesellschaft führen kann, die in der Lage ist, sozialistische Werte effektvoll zu verwirklichen." Hegedüs

hielt es damals für möglich, daß Bewegungen wie die Charta 77 oder das polnische KOR unter der Bedingung, nicht nach Macht zu streben und keine Parteien zu gründen, als Partner einer aufgeklärten Elite auftreten und somit eine von ihm so genannte „gesellschaftliche Dichotomie“ schaffen könnten.
Bence und Kis fiel es nicht schwer, die Naivität dieser Argumentation nachzuweisen. Tatsache ist, daß die reale Entwicklung in der CSSR und mehr noch in Polen ganz anders verlief, als man es nach Hegedüs' Drehbuch hätte erwarten können. Die Aussicht einer Katastrophe, dem ehemaligen ungarischen Ministerpräsidenten aus dem Jahre 1956 bereits bekannt, war jedoch nicht so abwegig. Auch andere osteuropäische Oppositionsbewegungen sahen das Problem in seiner ganzen Tragweite. „Wenn man die Gesamtheit der polnisch-sowjetischen Beziehungen analysiert“, führte Adam Michnik im Januar 1977 in einem Interview aus, „so zeigt sich, daß es eine gewisse Interessengemeinschaft zwischen der sowjetischen Führungsschicht, der polnischen politischen Führung und der polnischen Opposition gibt. Für alle Teile wäre eine militärische Einmischung der Sowjetunion in Polen eine Katastrophe. Was die polnische Opposition betrifft, so ist selbstverständlich, daß ihr Verantwortungsgefühl und ihr Patriotismus sie dazu auffordert, eine solche Katastrophenpolitik entschieden abzulehnen.“
Dies war die programmatische Grundlage des sogenannten „radikalen Reformismus“, der im Rahmen der expandierenden polnischen Krise eine ganz konkrete politische Bedeutung hatte. Die Grundidee war, die in einer Bewegung organisierte zivile Gesellschaft solle allmählich dem System Reformen aufzwingen, ohne einen militärischen Konflikt mit der Sowjetunion auszulösen. In die gleiche Richtung gingen die Überlegungen von Kis und Bence, als sie sich über die möglichen Entwicklungswege der ungarischen Gesellschaft Gedanken machten. Doch fehlte Ungarn etwas, wovon die Polen zu viel hatten: eine Krise der herrschenden Elite. Und während die polnische Krise explosive Gestalt annahm und jede taktische Abstufung

unmöglich geworden war, geriet in Ungarn die intellektuelle Opposition in ein Vakuum, bedingt durch die Stabilität der Gesellschaft und die daran haftenden Massenillusionen. Die Sprecher der Opposition wurden zu heerlosen Generälen. Vielen Lesern erschien Ende der siebziger Jahre die Diskussion zwischen Hegedüs und Bence-Kis als rein akademisch. Man genoß die neu erworbenen Freiheiten und das eigene freie Wort. Es ist kein Zufall, daß eine der erfolgreichsten programmatischen Äußerungen der frühen Samisdat-Bewegung nicht von den oben erwähnten Diskutanten, sondern von dem Schriftsteller György Konrád stammt. In einer Rede auf der Biennale in Venedig (s. Dokument Nr. 4) sagte er im Herbst 1977: „In Osteuropa ist jeder mehr oder weniger damit beschäftigt, die persönliche Freiheit auszubauen, aber jeder lebt in der Staatskultur. Der von oben dirigierte Mensch möchte weniger von oben dirigiert sein. Viele würden für eine Gruppen-Selbstverwaltung stimmen, aber die alternative Kultur, die parallele Kultur, hat sich noch nicht herausgebildet – sie existiert in informellen Gesprächen, in Büchern hingegen noch nicht. Ihr Schlüsselwort ist die Autonomie, die keine institutionelle, durch eine Bewegung oder Organisation gesicherte Basis hat. Ihre einzige zuverlässige Basis ist das Bewußtsein der Individuen, das wir als Bühne begreifen können, auf der unser autonomes Selbst sich gegen unser von oben dirigiertes Selbst aufbäumt."
Die Wirklichkeit sah anders aus als die beschworene Theaterszenerie. In die gemeinsame Heimstatt des „autonomen" und des „von oben dirigierten Selbst" drang eines Tages eine Schar von Geheimpolizisten ein, ausgestattet mit einem Haussuchungsbefehl. „Der Beamte der politischen Polizei ist", so G. Konráds Fazit aus den Verhören, „an der Erhaltung seiner Werthierarchie interessiert, während es dem Avantgarde-Dichter um die Erhaltung seiner Autonomie geht. Aber wenn wir uns die Wahrscheinlichkeit klarmachen, daß sie beide jung sind, Absolventen vielleicht derselben Universität, und in vieler Hinsicht denselben kulturellen Hintergrund haben, dann bricht diese

krasse Polarisierung auseinander. Möglich, daß es dem jungen Polizisten unangenehm ist, seinen ehemaligen Kommilitonen zu verhören; andererseits kann aber auch angenommen werden, daß dem jungen Avantgarde-Dichter die Vorteile, die der Staatssozialismus den Intellektuellen sichert (die subventionierte Großauflage von Büchern zum Beispiel oder die bequeme Stelle im Kulturapparat) nur recht und billig sind."

Konráds Vorstellungen decken sich übrigens mit manchen Ansichten von Hegedüs. Aber der Schriftsteller versteht die Forderung nach Autonomie viel grundsätzlicher. Für ihn ist das *Individuum* der Hauptakteur des sanften Kampfes der Intelligenz für die Selbstbefreiung. Autonomer Kämpfer bleiben heißt, sich nicht einmal der Menschenrechtsbewegung anzuschließen. Dies war für viele annehmbar, die Hegedüs' Vorstellungen zu „eurokommunistisch" fanden und den „radikalen Reformismus" von Bence und Kis ablehnten.

Die Ambivalenz der Texte von Konrád und anderer Autoren ist jedoch meiner Meinung nach nur ein Reflex auf die Lage der Oppositionellen und mit ihr der gesamten kritischen Intelligenz Ungarns. In anderen Volksdemokratien überdachten die Intellektuellen ihre Situation „eindeutiger". Jedoch sind falsche Gewichtungen ohnehin ein Hauptmerkmal aller osteuropäischer Versuche dieses Jahrzehnts, den offiziellen, allerdings nie ernst gemeinten Theorien etwas entgegenzuhalten. Ein durchschnittliches oppositionelles Programm, zum Beispiel in der DDR, ist üblicherweise eine eklektische Mischung aus Marx-Zitaten, einer makroökonomischen Analyse und einer überlangen Filmrezension. Rudolf Bahros heroischer systemschaffender Eifer scheiterte an dem Versuch, der angeblichen Perfektion der offiziellen Ideologie eine tatsächliche entgegenzustellen. So rächt sich ein System nachträglich an seinen Opponenten.

Was die ungarische Opposition vom Regime übernahm, war die Operettenhaftigkeit. Die Staatsmaschinerie suchte die zahlreichen kleinen Konflikte zu vermeiden, während die von ihrer Freiheit trunkene Intelligenz das Gegenteil tat. Das alles war nicht ohne ungewollte Komik. Im Sommer 1978 entdeckten die Zollbehörden am Budapester Flughafen, daß der führende Theaterkritiker der Parteizeitung „Népszabadság“ einen Mikrofilm im Zigarettenetui mit sich führte, um Samisdat-Materialien in den Westen zu schmuggeln. Der Dienstpaß des Kritikers wurde vorübergehend eingezogen, die Theatergruppe fuhr ohne ihn nach Venezuela. Alle Beteiligten waren offensichtlich in Verlegenheit. Ein paar Monate später durfte der Delinquent wieder seine scharfsinnigen Kritiken schreiben, allerdings nicht mehr in der Parteizeitung, sondern in der Fachpresse.

Ein anderer Fall: Einen in einer Parteiinstitution tätigen Soziologen wollte man wegen seiner Teilnahme an der Solidaritätsaktion für Charta 77 entlassen. Der Kündigungsbrief lag bereits auf dem Schreibtisch des Direktors. Es fehlte nur noch die Unterschrift. Plötzlich kam ein Anruf. Eine Delegation der Kommunistischen Partei Italiens wollte dem Institut einen Besuch abstatten. Angesichts des bevorstehenden brüderlichen Dialogs mit den Eurokommunisten nahm der Direktor seine Entscheidung im letzten Augenblick zurück.

Weniger freundlich gingen die Behörden mit einer kleinen Gruppe um, die sich von der offiziellen methodistischen Kirche abgespalten hatte. Die Pfarrer der Dissidenten-Methodisten wurden mit brutaler Polizeigewalt aus ihren Wohnungen entfernt, weil die methodistische Kirche diese als Dienstwohnungen beanspruchte und die Polizei um Hilfe gebeten hatte. Aber Gummiknüppel und Tränengas waren damals eher dem Normalbürger vorbehalten; erst ein paar Jahre später lernten auch manche „Prominente“ aus der Opposition diese Methoden kennen.

Die zweite Aktion für die Charta 77

Die ersten öffentlichen Veranstaltungen der Opposition, die sogenannten „Fliegenden Universitäten“, fanden ohne Einmischung der Polizei statt. Die in Privatwohnungen

abgehaltenen Vorlesungen lockten zu Beginn ein relativ großes Publikum an. Der Historiker Miklós Szabó hielt eine Vorlesungsreihe über die Geschichte der Sowjetunion und der Volksdemokratien, der Autor dieser Zeilen veranstaltete eine Vorlesungsreihe über die Geschichte der sozialistischen Kulturpolitik. Über die Wirtschaftsreform, die nicht stattgefunden hatte, informierte der Wirtschaftswissenschaftler Ferenc Jánossy, die Kulturgeschichte Transsylvaniens behandelte Miklós T. Gáspár. Ohne die Bedeutung dieser Vorlesungen für die Erweiterung der Weltsicht des zumeist studentischen Publikums leugnen zu wollen, muß betont werden, daß die hundertfünfzig bis zweihundert Hörer die Veranstaltungen nicht allein der Weiterbildung wegen besuchten. Der „Montagskreis" diente der Kommunikation, vor allem in Form von Kneipengesprächen nach den Vorlesungen. In diesem Sinne spielten die „Fliegenden Universitäten" eine zentrale Rolle bei der Herausbildung der „Szene".
Ähnliche gruppenkonstituierende Bedeutung hatte auch die zweite Solidaritätsaktion zugunsten der Charta 77 (s. Dokument Nr. 6/I). Sie wurde während des Prozesses gegen die VONS-Mitglieder (Havel, Uhl, Dienstbier, Nemec u.a.) organisiert. Die Solidaritätserklärung unterzeichneten 250 Personen. Dieser unerwartete Erfolg ist vermutlich auf die allgemeine Stimmung der Intelligenz in der damaligen Lage zurückzuführen. Auch dürfte die Tatsache eine Rolle gespielt haben, daß es nach der ersten Unterschriftenaktion zu keinerlei Repressalien gekommen und darüber hinaus in breiteren Bevölkerungsschichten eine gewisse Unruhe spürbar war. Die gewaltigen Preiserhöhungen im Sommer 1979 boten einen Vorgeschmack auf das, was man früher euphemistisch als „Auswirkung der Weltmarktkrise" beschrieben hatte. Um der Bevölkerung verständlich zu machen, daß die Teuerung keine vorübergehende Maßnahme darstellte, verschwanden beschönigende Ausdrücke wie „Preisregelung" oder „Anpassung der Preise an die Produktionskosten" völlig aus dem Wortgebrauch der Presse.

Die Unruhe der Intelligenz hatte nicht nur materielle Ursachen. In der Parteiführung war es wiederum zu Verschiebungen gekommen – diesmal wurde ein Mann des „harten“ Flügels, Béla Biszku, aus dem Politbüro entfernt. Die neue Reformwelle leitete ein Interview der skandinavischen Presse mit dem ZK-Mitglied und ehemaligen Verantwortlichen für die Wirtschaftsreform, Rezsö Nyers, ein. Der politisch rehabilitierte Nyers durfte die Beendigung der Wirtschaftsreform nachträglich verurteilen und andeuten, daß Druck von außen die Entscheidung wesentlich beeinflußt hatte. Das Interview konnte allerdings in ungarischer Sprache nur beim Samisdat erscheinen.

Offensichtlich ließ der Druck von seiten der Sowjetunion nach. Der alt und krank gewordene Breschnew, Symbolfigur der verminderten Energie sowjetischer Politik, war bei einem Staatsbesuch in Budapest im Juli 1979 nur mit Mühe und Not in der Lage, dem offiziellen Protokoll zu entsprechen. Noch ganz anders sah es wenige Jahre zuvor aus. Am Budapester Westbahnhof nahmen Kádár und Breschnew 1975 Abschied voneinander, nachdem der sowjetische Parteichef am Rande des ungarischen Parteikongresses die Niederlage der ungarischen Reform abgesegnet hatte. Ein munterer, energievoller Breschnew sagte vor den Fernsehkameras zu dem offensichtlich müden und niedergeschmetterten Kádár: „Immer lächeln – das ist die Hauptsache.“

Wie dem auch sei, der Erfolg der zweiten Petition für die Charta paßte in diese Atmosphäre. Die Unterschriftensammlung war im Unterschied zu der vorherigen öffentlich. Demonstrativ beschatteten die Behörden die „Aktivisten“. Es kam zu einigen Übergriffen. So machte man zum Beispiel das Auto eines Unterschriftensammlers betriebsunfähig. Auch Maßnahmen anderer Art wurden ergriffen: zehn bis fünfzehn Personen erhielten ihre Kündigung; in den Redaktionsstuben kursierten geheime Verbotslisten mit den Namen der Autoren, welche die Unterschriftenaktion unterstützt hatten. Etwa hundert Beteiligte mußten sich, an ihren Arbeitsplätzen zu Gesprächen zitiert, rechtfertigen, und der Ton dieser Gespräche war in der Regel nicht gerade freundlich.

Oft fragte man die Vorgeladenen nach ihrer Meinung über einen Offenen Brief, den György Bence, János Kis und János Kenedi an die Sprecher der Charta 77 geschickt und in dem sie ihre Parteinahme für die Prager Dissidenten folgendermaßen begründet hatten: „Wir gehören einer Generation an, die erst am tschechoslowakischen Beispiel endgültig begriff, welche Lehren sie aus den Ereignissen vom Oktober 1956 zu ziehen hat... In unseren Nachbarländern leben viele Ungarn, allein in der Tschechoslowakei sind es sechshunderttausend. Seit 1968 macht man der ungarischen Minderheit immer weniger Zugeständnisse, die noch in den sechziger Jahren gang und gäbe waren ... Wir sind als Ungarn unmittelbar daran interessiert, daß es in den Nachbarländern Demokratie gibt."
Diese Verlautbarung, von drei wichtigen Vertretern der Opposition verfaßt (s. Dokument Nr. 6/II), löste erhebliches Befremden aus. Manch einer fühlte sich unangenehm betroffen, weil auch er gern ein solches Dokument unterschrieben hätte. Andere hielten die gerade in diesem Zusammenhang zur Sprache gebrachte Lage der ungarischen Minderheit für eine unnötige Herausforderung. Eine Gruppe von Chartasympathisanten, überwiegend Filmemacher, war zur Unterzeichnung der Petition nur bereit, wenn die Namen der drei „Hauptdissidenten" von der großen Liste gestrichen würden. „Wenn ihr das macht, dann liefern wir euch die ganze Branche", versicherte ein Regisseur dem Soziologen Zsille, ohne mit diesem Angebot Erfolg zu haben.
Das Problem der ungarischen Minderheiten war jedoch für die Mehrheit der nicht eben tschechoslowakenfreundlichen ungarischen Intelligenz von vorrangigem Interesse. Das betraf auch die Tradition von 1956. In diesem Sinne hatten Bence, Kis und Kenedi mit ihrem Brief eine Öffnung hin zu den Populisten angestrebt, ohne ihr mitteleuropäisches Engagement zu verleugnen.
Die zweite Frage, die den Petitionsunterzeichnern in den Gesprächen am Arbeitsplatz immer wieder gestellt wurde, lautete: „Was halten Sie davon, daß der Sender „Freies Europa" den Wortlaut der Protesterklärungen und die Namen aller Unterzeichner ausgestrahlt hat?" Die Frage,

ebenso wie die gelegentlichen offiziellen Ausfälle gegenüber dem Münchener Sender, drückte jedoch nur scheinbar Abscheu und Empörung aus. Seit 1963 nämlich, als der Sender in Ungarn nicht mehr gestört wurde und auch aufgehört hatte, sich „Die Stimme des freien Ungarn" zu nennen, war „Free Europe" zu einem selbstverständlichen Kanal der Informationserweiterung geworden, der von allen Schichten der Bevölkerung gehört wurde – leitende Funktionäre nicht ausgeschlossen. Und längst ist klar und bekannt, daß „Free Europe", gesteuert und finanziert von den USA, nichts anderes als ein Propagandasender ist. Aber die Hetze gegen die Imre-Nagy-Regierung ist längst einem ausdrücklich gemäßigten Ton gewichen. Breiter Raum wird den Reformbestrebungen gewidmet. Die Berichte sind dem Standpunkt einer „kritischen Solidarität" mit der Regierung Kádár manchmal gespenstisch ähnlich. Ein Sprachrohr der ungarischen Opposition ist „Free Europe" jedoch nicht. Zwar stellt der Sender regelmäßig Samisdat-Dokumente vor und informiert über viele Ereignisse in der oppositionellen Szene, bringt aber, wie etwa in der internationalen Presseschau, die begeisterten westlichen Pressereaktionen zum Liberalismus in Ungarn nahezu ausnahmslos zu Gehör.

Der Einfluß des Senders auf das oppositionelle Treiben ist nicht ganz unproblematisch. Eine Rolle spielt bereits die Tatsache, daß die regelmäßige Rundfunk-Berichterstattung der Opposition eine Bedeutung gibt, die in keinem Verhältnis zu den wirklichen Gegebenheiten steht. Andererseits äußert sich „Free Europe" über die Budapester Dissidenten nicht immer sehr schmeichelhaft. Im Herbst 1978 wurde zum Beispiel ein anonymer Brief verlesen, der darauf hinweisen sollte, daß erstaunlicherweise gerade die ungarischen Oppositionellen ungehindert in den Westen reisen dürften und in recht angenehmen Stellungen arbeiteten, also gar nicht so arm dran seien, wie sie immer täten. Die wahre Opposition sei anderswo zu suchen – bei den religiösen und nationalen Widerstandskämpfern. Inzwischen gehört dieser zumeist anonym bleibende, jedoch Personen namentlich angreifende Radikalismus zum

festen Repertoire mancher Exilzeitschriften. So veröffentlichte die Zeitschrift „Bécsi Napló“ 1983 einen anonymen Leitartikel mit dem Titel „Die sichtbare Opposition“. Der Verfasser vertrat die Ansicht, daß diejenigen Personen, welche man im allgemeinen zur ungarischen Opposition rechne, unter dem besonderen Schutz des Staates stünden – manche, wie etwa Rajk, aufgrund der Tatsache, daß man seinen Vater hingerichtet habe, andere, wie Haraszti, weil sie im Westen bekannt seien. Regelmäßig würden sie Stipendien erhalten und dürften frei herumreisen. Solche Auslassungen haben verblüffende Ähnlichkeit mit manch offizieller Äußerung in Ungarn. Unlängst bezichtigte Innenminister Horváth gewisse NATO-Staaten, sie würden als „Teil ihrer subversiven Politik“ ungarischen Dissidenten Stipendien und Publizität verschaffen, „um zu beweisen, daß es in Ungarn eine sogenannte Opposition gegen die sozialistische Gesellschaftsordnung gibt.“ Führt man sich die jahrzehntelange Praxis der Vergabe von Weststipendien in Ungarn etwas näher vor Augen, so erhält die unrühmliche Kampagne allerdings einen Sinn: die angehäufte Wut der wissenschaftlichen und künstlerischen Intelligenz soll vom offiziellen Establishment abgelenkt und auf andere abgewälzt werden.
Tatsächlich hatten und haben Wissenschaftler und Künstler nämlich jeden Grund zur Unzufriedenheit. Denn kein Staatsangestellter und Erwerbstätiger hat das Recht, eine Einladung zu einem Symposium oder Musik-Festival anzunehmen, wenn nicht zuvor die Obrigkeit ihr Placet gegeben hat. Außer politischen Gesichtspunkten, die bei der Gewährung von Dienstreisen eine Rolle spielen, wurden bei den Genehmigungsverfahren in der Vergangenheit vor allem die Interessen der Ämterhierarchie berücksichtigt. Benachteiligt waren, wie sich leicht denken läßt, vor allem jüngere Fachkräfte. In letzter Zeit ist hier und da einiges besser geworden; zum Beispiel wurde Ungarn auf dem Internationalen Historikerkongreß 1985 von einer achtzigköpfigen Delegation, der auch junge Wissenschaftler angehörten, repräsentiert. Doch lieferte erst vor wenigen Jahren ein Vorfall den Beweis, daß bei weitem nicht

alles in Ordnung ist. 1983 wurde einem ungarischen Nachwuchs-Trickfilmregisseur für einen Drei-Minuten-Sketch der „Oscar" zugesprochen. Zur Preisverleihung erschien, in tiefster Verlegenheit, ein Vertreter der Behörde, die für den ungarischen Filmexport zuständig ist. Die ungarische Bürokratie hatte nur dem Kunstwerk, aber nicht dem Künstler die Teilnahme am Film-Festival ermöglicht.

Die Ausreisevorteile der ungarischen Dissidenten sind größtenteils darauf zurückzuführen, daß die meisten bereits seit Jahren arbeitslos sind. So hängt die Genehmigung ihrer Ausreiseanträge, soweit Einladungen vorausgegangen sind, „nur" von dem politischen Richterspruch des Staatssicherheitsdienstes oder höherer Parteiinstanzen ab. Die Entscheidung fällt oft negativ aus, aber nicht durchgängig. Es wäre müßig, hier nach einer immanenten Logik zu suchen. Es kam vor, daß einem Betroffenen, der gerade einer gründlichen Hausdurchsuchung ausgesetzt war, noch im gleichen Monat der Ausreiseantrag bewilligt worden ist. Daß einem moralisch besonders empfindlichen Intellektuellen solche Erlebnisse schwer zu schaffen machen, ist nur zu gut verständlich.

Weitere Samisdat-Veröffentlichungen sind erwähnenswert. Der unter einem Pseudonym herausgegebene „Bericht aus Siebenbürgen" analysierte im historischen Rückblick die Lage der ungarischen Minderheit in Rumänien, insbesondere die kulturelle Unterdrückung und die Assimilationstendenzen. 1978 erschien der Artikel „Schwarze und rote Ökonomie" von Zoltán Zsille, in dem der Autor, ein „enfant terrible" der Samisdat-Publizistik, die überzentralisierte und dysfunktionale Wirtschaft kritisierte. Seine Hoffnungen richtete er zum Teil auf die sogenannten „Wirtschaftskriminellen", die er als Vorkämpfer eines unterdrückten ökonomischen Denkens entdeckt zu haben glaubte. Diese Auffassung ist sicherlich übertrieben – die Übertreibung ist ein häufiges, gleichwohl oft unbeabsichtigtes Stilelement Zsilles. Alles, was er schreibt, tendiert letztlich zur Satire. Bemerkenswert ist allerdings, daß auch Ökonomen und Soziologen mit ruhigerem Temperament einige Jahre später zu ähnlichen Schlußfolgerungen kamen. Auch sie meinten, die Legalisierung der „zweiten" oder „schwarzen" Ökonomie, nach Zsille „Urgrund des ökonomischen Befreiungskampfes", sei in der Lage, bedeutende schöpferische Energien freizusetzen.

Die Entwicklung des ungarischen Samisdat nach 1979

Ende 1979/Anfang 1980 schien die Entwicklung des ungarischen Samisdat und auch der oppositionellen Bewegung zu stagnieren. Die Vorlesungen der „Fliegenden Universitäten" lockten nicht mehr so viele Hörer an wie früher. Nach dem Erfolg der Unterschriftensammlung wurde es plötzlich ruhig. Die Aktion selbst ließ sich leicht als ein Zornausbruch der Intelligenz mißverstehen, zu dem sie gegriffen hatte, um angehäufte Unzufriedenheit abzureagieren. In Wirklichkeit aber stand die kleine Bewegung, die von den Lukács-Schülern initiiert worden war, wieder einmal vor einer Entscheidung. Einerseits bot sich an, den Samisdat strukturell weiterzuentwickeln, seine Thematik auszuweiten und die Vervielfältigungs- und Verbreitungstechnik zu verfeinern. Andererseits eröffnete die Dynamik verschiedener Gruppen Handlungsmöglichkeiten jenseits des Lesens und Schreibens.
Bereits die zweite Solidaritätsaktion für Charta 77 hatte der veränderten Situation Rechnung getragen. Die Unterschriftensammlung war nicht mehr vom Lesesaal der Budapester Akademischen Bibliothek aus gesteuert worden, dem traditionellen Stammort von Bence und Kis. Vielmehr gab es neue Zentren, unter anderem die Wohnung der Soziologin Ottilia Solt. Sie gehörte, neben anderen Organisatoren der Petition, zu einer Gruppe von Wissenschaftlern, die zu Beginn der siebziger Jahre unter der Leitung des Soziologen István Kemény das erste offiziell genehmigte Armutsforschungsvorhaben durchgeführt hatte. Das Projekt, eingebettet in die Reformbestrebungen der damaligen Zeit, wurde später eingestellt. Die Ergeb-

nisse durften nicht veröffentlicht werden. Die Armut stellte ein heikles Problem dar; die offiziellen Institutionen meinten, der Begriff sei mit dem des Sozialismus unvereinbar. Bis heute verwendet man lieber die Bezeichnung „soziale Benachteiligung". Betroffen sind große Bevölkerungsgruppen. Dazu gehört ein beachtlicher Teil der Rentner und nahezu die ganze Volksgruppe der Roma.
Die früheren Mitarbeiter des Kemény–Projektes gründeten 1979 einen „Fonds zur Unterstützung der Armen" (SZETA). Zunächst entwickelte man sozialpolitische Aktivitäten, sammelte Geld und alte Kleider und bot kostenlose Rechtsberatung an. In manchen Kreisen der Intelligenz und der Funktionäre verspottete man die SZETA als „Heilsarmee" (s. Dokument Nr. 7). Doch gerade dem Wohltätigkeitsengagement verdankte die Organisation ihre schnell wachsende Popularität. Intellektuelle oder Angestellte, die aus Vorsicht oder wegen grundsätzlicher Vorbehalte die Samisdatbewegung mieden oder außer der Lektüre von Samisdatpublikationen keine oppositionelle Tätigkeit ausüben wollten, waren gern bereit, die SZETA finanziell zu unterstützen. Der spektakulärste Erfolg der SZETA war eine Kunstauktion im Herbst 1980, die 1 700 000 Forint einbrachte. Legt man den damaligen Wechselkurs zugrunde, kommt man auf einen Betrag von etwa 10 000 DM. Es ist jedoch realistischer, die Summe mit dem seinerzeitigen monatlichen Durchschnittseinkommen von 4 200 Forint, also etwa 250 DM, in Beziehung zu setzen.
Daß die Künstler ihre Bilder, Graphiken und Skulpturen kostenlos zur Verfügung stellten, drückte nicht nur Mitgefühl mit den Armen, sondern auch Genugtuung darüber aus, Kunstwerke einmal ohne offizielle Jury der Öffentlichkeit präsentieren zu können. Die erwähnte Auktion war eine halblegale Veranstaltung. Ein Warenhaus in Budapest, das Waren in Kommission verkauft, bot den legalen Rahmen. Die Führer der SZETA durften nur als Privatpersonen an der Versteigerung teilnehmen. Auf den Einladungen fand man unter anderem die Worte: „Zur Unterstützung der ungarischen Armen". Daß dies öffentlich möglich war, war der eigentliche Erfolg. Die Behörden

mischten sich nicht ein, obwohl sie gerade begonnen hatten, einzelne Aktivisten der SZETA zu verhören. Übrigens war die Vereinigung die erste inoffizielle Gruppe in Ungarn, in der Frauen nicht nur arbeiteten, sondern auch zu Wort kamen.
Die SZETA war etwas Neues. Obwohl ihre Berichte und Einladungen in Samisdatkreisen kursierten, hatte ihre Tätigkeit nichts mehr mit der Untergrundliteratur zu tun. Auch andere Versuche im Jahr 1980, autonome Gruppen aufzubauen, stellten eine neue Qualität dar. Der Philosoph Vilmos Soós wollte eine Gewerkschaft für Wissenschaftliche Mitarbeiter ins Leben rufen. Sein diesbezüglicher Antrag führte dazu, daß man ihm für den Zeitraum von zwei Jahren verbot, ins Ausland zu reisen. Ein Ingenieur schlug den Behörden vor, die Gründung einer ungarisch-polnischen Freundschaftsgesellschaft zu genehmigen. Die Behörden lehnten dieses Ansinnen ab. Möglicherweise gefiel ihnen der geplante Gründungszeitpunkt nicht. Ein Philosoph, der infolge Berufsverbots sein Brot als Tankwart verdiente, sammelte Geld und gründete einen Fonds für Intellektuelle, die aus politischen Motiven entlassen worden waren.
Bemerkenswerte Aktivitäten entfalteten der Soziologe Tamás Földvári und der Mathematiker György Göndör. Zu den Wahlen 1980 stellten sie zum offiziellen Parteikandidaten eine Gegenkandidatin auf, eine Lehrerin, und zwar mit einem Umweltschutzprogramm. Die tatsächliche Nominierung der Kandidatin scheiterte nur an einigen wenigen Stimmen. Für diese Wahlkämpfer ging das Jahr 1980 mit einer recht dramatischen Wende einher, ebenso wie für Zoltán Zsille und die Soziologin Anna Balajtny. Sie emigrierten und teilten somit das Los anderer Intellektueller. Eine bedeutende, wenn auch nicht massenhafte Emigrationsbewegung hatte Mitte der siebziger Jahre eingesetzt. Die Motive waren breit gestreut und reichten vom Wohnungsmangel bis zur Angst vor dem Militärdienst. Sie wären eine soziologische Untersuchung wert, ähnlich der Armutsforschung von Kemény. Letzterer befindet sich übrigens seit 1976 ebenfalls im Exil.

Ende 1979 führte der Wiener Journalist Karl Pfeifer in Budapest ein Roundtable–Gespräch mit András Hegedüs, Zoltán Zsille und Tamás Földvári (s. Dokument Nr. 5/I). Dieses Trio wurde eher durch persönliche Freundschaft denn durch ein gemeinsames politisches Credo zusammengehalten. Hegedüs vertrat, wie bereits erläutert, eine gemäßigt antibürokratische Position – eine *nachdrücklich* gemäßigte, als Mann von politischem Gewicht, der über gute Kontakte zum Apparat verfügte. Zsille dagegen war Anhänger einer leidenschaftlichen, mancherorts anarchistisch anmutenden Radikalität, und im Vergleich zu Hegedüs neigte Földvári eher zu Zsilles Standpunkt. Beide hatten ihre wissenschaftliche Laufbahn in der Forschungsgruppe von Hegedüs begonnen. Földvári war 1968 aus Protest gegen die Intervention in der CSSR aus der Partei ausgetreten, Zsille wurde ausgeschlossen, als er 1974 gegen Hegedüs' Ausschluß protestierte.
Hegedüs bekräftigte in dem Gespräch (s. Dokument Nr. 5/II) seine alte Auffassung: „Ich bin tief überzeugt, daß die demokratischen Änderungen in Osteuropa in nächster Zukunft nicht in erster Linie durch die politische Opposition kommen, sondern durch die Entwicklung verschiedener autonomer gesellschaftlicher Gruppen, die nicht unbedingt politische Ziele haben müssen. Ich hege keine Illusionen über das Mehrparteiensystem. Was das wünschenswerte Zukunftsbild betrifft, denke ich an eine pluralistische Struktur, aber nicht an ein Mehrparteiensystem. Ich erforsche nicht die Möglichkeiten zur Einführung des Modells der bürgerlichen Demokratie in Osteuropa, sondern ich bemühe mich um eine Alternative zur bürgerlichen Demokratie, um eine authentische sozialistische Demokratie. Eines der Grundprobleme dabei ist die ökonomische Basis für eine sozialistische Demokratie."
Zu seiner eigenen Person führt er aus: „Ich denke, daß meine politische Rolle im Oktober 1956 ein für allemal zu Ende ging. Deswegen will ich selbst an keinerlei politisch-oppositioneller Bewegung teilnehmen, besonders keine führende Rolle spielen. Ich halte mich auch nicht im engeren Sinne des Wortes für einen Oppositionellen, ich

arbeite nicht an politischen Plattformen, alternativ zur gegenwärtigen politischen Führung. Was ich auf mich nehmen kann, ist ein zur Öffentlichkeit strebendes kritisches gesellschaftswissenschaftliches Denken. In diesem Sinne will ich meine Autonomie bewahren. Diese Kritik bleibt in gewissem Sinne eine interne Kritik ... Ich möchte diejenigen gesellschaftlichen Fragen, die mir am wichtigsten erscheinen, so analysieren, daß ich meine Selbstzensur auf ein Minimum reduzieren kann."

Zsille dagegen war der Meinung, die „innere Kritik" sei bei weitem nicht mehr ausreichend. Wolle man eine gesellschaftliche Veränderung erwirken, habe man das Schwergewicht vielmehr auf unzufriedene soziale Gruppen zu verlagern: „Wir müssen diejenigen Kräfte in den verschiedenen gesellschaftlichen Schichten eruieren, die Akteure einer demokratischen Veränderung sein können. Und zwar sowohl im In- wie im Ausland. Ich glaube nämlich, daß die Uhren in Osteuropa jetzt im großen und ganzen gleich gehen. Wir reden von denen, die heute leidende Subjekte der Verhältnisse sind, aber morgen aktive Teilnehmer einer demokratischen Umwälzung in Osteuropa sein können."

Földvári war ebenfalls der Ansicht, daß die Uhren in Osteuropa „gleich gehen". Parallele politische Explosionen seien denkbar, „da diese Länder sich mit ähnlichen Problemen plagen und die Mentalität der Bevölkerung, die politischen Reaktionsmuster immer ähnlicher werden und die alten nationalen Unterschiede – so vermute ich – verschwinden." Földváris Auffassung war tatsächlich radikaler als die von Hegedüs. Ihr lag unmittelbar jene Katastrophentheorie zugrunde, die Hegedüs schon öfter „aus tiefstem Inneren" abgelehnt hatte. Sehen wir uns an, inwieweit sich die Positionen auch in der Frage „Was tun?" unterscheiden.

Zsille: „Ich sehe es als Hauptaufgabe an, diese Jahre in relativ guter geistiger und physischer Verfassung zu überleben. So kann ich die seltenen Möglichkeiten nutzen, die sich für soziologische Arbeit ergeben." – Földvári: „Ich bin jedenfalls ein Opponent des gegenwärtigen Regierungs-

systems, weil ich es für schlecht halte. Aber ich bin momentan nur ein geistiger Opponent, weil ich keinerlei Zeichen dafür sehe, daß alle diejenigen, die eine Reform für nötig halten, als legale Opposition auftreten können."
Ähnliche Unschlüssigkeiten wiesen Erklärungen anderer Oppositioneller auf. Im Januar 1979 nahmen die ungarischen Intellektuellen Mihály Vajda und Miklós Haraszti, die sich gerade im Westen aufhielten, an einer Konferenz in Firenze teil. Oberster Schirmherr war der kommunistische Bürgermeister der Stadt. Zur Debatte stand das Thema „Dissidenten in Ländern Osteuropas". Wie schon in seinen Veröffentlichungen suchte Haraszti zu beweisen, daß das Kádár–System sich nicht wesentlich von anderen Volksdemokratien unterscheide. Vielmehr sei die Kontrolle über die Gesellschaft sogar perfekter als anderswo; hier habe nämlich die Gesellschaft freiwillig auf Freiheitsbestrebungen verzichtet: „Das Klima der ungarischen Gesellschaft wird von sibirischer Kälte und nicht von Mittelmeerwärme beeinflußt. Diese Gesellschaft ist nach der Erfahrung der Revolution (von 1956, G.D.) müde geworden. Sie hat eine entkräftete, aber keine sich im Aufbruch befindende Intelligenz. Sie hat eine unzufriedene, aber nicht begeisterungsfähige Jugend ... Ihre werktätigen Klassen ... wären nur dann zur Konfrontation mit der Macht gezwungen, ... wenn sie in die Ecke getrieben wären, wenn sie ansonsten verhungern müßten. Solange sie noch etwas haben, was sie ihren Kindern zu essen geben können, passen sie sich unterwürfig ihrer Lage an ... Weder die Technokraten noch die Wissenschaftler, nicht einmal die Künstler sind unbedingte Vorkämpfer der Freiheit. Allenfalls sind sie gezwungen, sich als solche zu gebärden, wenn ihre Bedürfnisse unbefriedigt bleiben ... Diese im Sinne des Funktionierens der Gesellschaft führenden Schichten, die in der verstaatlichten industriellen Gesellschaft die Stelle des Bürgertums eingenommen haben, haben reale Interessen."
Rein formal ist gegen diesen Gedankengang wenig einzuwenden. Aber er enthält, eher auf stilistischer Ebene, etwas Zweideutiges. Dieses schlaue Regime, glaubt man aus den Worten von Haraszti zu hören, läßt nicht nur seine Arbei-

ter nicht verhungern, sondern, heimtückisch wie es ist, befriedigt es auch noch die Bedürfnisse seiner Technokraten, Wissenschaftler und Künstler! Diese ambivalente Kritik des Systems, seinerzeit als zusammenhängende Theorie von Konrád und Szelényi entwickelt, ist nicht zuletzt von der nicht minder ambivalenten Haltung des Systems gegenüber der Opposition beeinflußt.

Vajda ist in dieser Frage weitsichtiger als Haraszti. Er weiß, daß die Lage in Ungarn positiver einzuschätzen ist als in Polen oder der Tschechoslowakei. Die Ursache dafür sucht er in den Ereignissen vom Oktober 1956. „Ohne diesen größten Volksaufstand in Osteuropa wären die ungarischen Verhältnisse um nichts besser als die in den Nachbarländern ... Man muß hinzufügen: Ohne 1956 wäre es in Ungarn auch nicht zu einer bürgerrechtlichen Opposition gekommen."

Oberster Grundsatz ist für Vajda: „Die bürgerrechtliche Opposition kann ihrer kritischen und geistigen Aufgabe nur dann gerecht werden, wenn sie den Aufstand von 1956 als ihren traditionellen Vorläufer betrachtet." Diese aus dem Munde eines ehemaligen Lukács-Schüler recht radikal klingenden Worte sind nach Vajda Resultat der Aufkündigung eines „falschen Kompromisses": „Eine Zeitlang haben wir geschwiegen ... Zwischen 1962 und 1968, in der Zeit der Kompromisse, wiegten wir uns in der Illusion, ... daß der Geist des XX. Parteikongresses eine Demokratisierung des Systems mit sich bringen würde. Dieses unser Gefühl wurde nach dem XXII. Parteikongress noch bestärkt, als die Auswirkungen der Liberalisierung auch in Ungarn spürbar wurden. Wir hofften, daß das System mit Hilfe der herrschenden Klasse reformierbar sein würde. Erst mußten die tragischen Ereignisse des Jahres 1968 stattfinden, damit wir endlich begriffen: von oben sind keine Reformen zu erwarten."

Vajdas Analyse der Vergangenheit ist zutreffend. Schlicht unhistorisch allerdings ist die Auffassung, das Schweigen der Lukács-Schüler über den Oktoberaufstand von 1956, das sie im übrigen mit der ganzen ungarischen Öffentlichkeit teilten, habe mit (falscher oder richtiger) Kompromißbereitschaft zu tun; letzten Endes gab es in den sechziger Jahren keine Möglichkeit, sich öffentlich zu diesem Thema zu äußern.

Sehen wir uns noch an, was die beiden Oppositionellen von der Zukunft erwarteten und welche unmittelbare Aufgabe sie der demokratischen Opposition zumaßen. Haraszti: „Es gibt keine wissenschaftliche Heilslehre, die uns erlösen wird. Wir können nur uns selbst verändern. Das ist natürlich eine Möglichkeit, die nicht einmal das ungarische Wirtschaftswunder vereiteln kann. Wie Sie sehen, bin ich kein Pessimist."

Vajda: „Wir, die Mitglieder der oppositionellen Bewegung, müssen bescheiden bleiben, denn unsere Bewegung ist isoliert ... Ich möchte unsere Bedeutung nicht überschätzen, aber ich halte es für wichtig, daß wir keine Tabus mehr gelten lassen. Es gibt keine Fragen, über die wir nicht aufrichtig und wahrheitsgemäß sprechen würden."

Beide Äußerungen sind durchaus ehrlich und wohlmeinend. Aber man spürt dieselbe Unsicherheit wie in den radikaleren Auffassungen von Zsille und Földvári (Hegedüs hat dieses Problem nicht, da er sich nicht als oppositionell begreift und ein Programm der Selbstbeschränkung vertritt). Woher stammt diese Kluft zwischen der radikalen Beurteilung und der Bescheidenheit des Programms? Wo liegen die Hoffnungen und wo die Ängste?

Die Hoffnungen beruhen auf einer Illusion. Zsille formuliert sie, indem er behauptet, die Uhren in Osteuropa gingen überall gleich. In Wahrheit ist jedoch die Geschwindigkeit der Uhren in diesen Ländern extrem divergent. Manchmal scheinen sogar in nur einem Land verschiedene Zeitebenen zu existieren. Aber kann es überhaupt eine „Greenwich-Zeit" des europäischen Sozialismus geben? Und welche Zeitrechnung wäre das dann? Etwa die sowjetische? Die tschechoslowakische? Vielleicht die rumänische? Und ist Ungarn in allem etwas voraus? Bei der von der Zensur genehmigten Anzahl kritischer Filme unbedingt. Aber wie steht es zum Beispiel mit der Wohnfläche pro Kopf der Bevölkerung? – So viel zur Metapher.

Ob das System wirklich unreformierbar ist, muß dahingestellt bleiben. Meiner Meinung nach ist jedes System von oben wie von unten reformierbar. Von oben kommt es aber nur dann zu Reformen, wenn das Wagnis, weiterhin auf dem status quo zu verharren, bereits größer geworden ist als das Risiko der Veränderung. Ein Kabarettist drückte dies im Budapester Fernsehen während der Wirtschaftskrise 1983 folgendermaßen aus: „So kann es nicht weitergehen / wenn wir wollen, daß es weitergeht ...". Durchaus berechtigt ist auch die Frage, ob das politische System in Ungarn sich von dem anderer Staaten des Warschauer Paktes unterscheidet. Meine Antwort lautet: die ungarische *Gesellschaft* weicht trotz aller Ähnlichkeiten von der in unseren Nachbarländern ab. Da das System gezwungen ist, sich auf diese Andersartigkeit immer wieder reaktiv einzulassen, ist auch das System anders, und die ungarische Opposition ist ein Reflex auf die Verschiedenheit von System und Gesellschaft, unabhängig davon, was der einzelne Oppositionelle von beidem hält.
Was macht die ungarische Abweichung aus? Nach 1956 kam es zu einer Art „Zivilisierungsprozeß", dessen ökonomische Grundlage die bäuerliche Kleinwirtschaft bildete. Deren überaus vitale, konsumschaffende Kraft strahlte auf die ganze Gesellschaft aus. Der Konsum als ein Stück Freiheit schränkte den Wirkungsbereich der autokratischen Herrschaftsschicht ein, alle sozialen Spannungen versuchte man in die Konsumsphäre abzuleiten. Der allmählich reich werdende Bauer, der datschenbauende Arbeiter, der weltreisende Intellektuelle, die westliche Schallplatten hörenden Jugendlichen sind die Prototypen dieser Sozialisation. Natürlich behielt das System seine Mittel und Institutionen zur Ausübung von Macht und Gewalt, und natürlich greift man auf der Suche nach dem inneren Feind reflexhaft auf die frühen fünfziger Jahre zurück. Das entspricht dem Wesen der Herrschaftssicherung. Ist das soziale Gleichgewicht gefährdet, neigen sogar liberalere Systeme zu harten Maßnahmen. Wesentlich am ungarischen System ist der Versuch, die Probleme im Rahmen eines nicht ausgesprochenen Konsens' zu lösen. Damit

sind offenbar breite Bevölkerungsschichten einverstanden. Ihre Motive sind eindeutig: entweder haben sie Angst vor jeder Veränderung, weil sie vermuten, diese bringe im Zweifelsfall immer Schlechtes mit sich. Oder aber, sie sind direkt bzw. indirekt Nutznießer der Stabilität. Folglich haben alle, die diese Stabilität scheinbar gefährden, breite Bevölkerungsschichten gegen sich.
Das eigentliche Problem liegt eher darin, daß die relative Ruhe im Land, von dem Nationaldichter Illyés als „Windschatten" bezeichnet, in den letzten Jahren aus ökonomischen Gründen ins Wanken geriet. Im Sommer 1982 zogen einige Staaten ihr in der Ungarischen Nationalbank deponiertes Kapital ab. Das Land war ein paar Wochen lang zahlungsunfähig. Der drohende Bankrott konnte durch den Übergangskredit eines westlichen Bankenkonsortiums überbrückt werden, bis die rettende Hand des Internationalen Währungsfonds das Land vor dem Schlimmsten bewahrte.
Anderthalb Jahre später eröffnete der Ministerpräsident Ungarns einem Fernsehjournalisten: „Damals befand sich unsere Wirtschaft im Zustand des klinischen Todes." Auf dieses Eingeständnis, das in dieser brutal offenen Form in einem anderen sozialistischen Land kaum hätte ausgesprochen werden können, antwortete der Journalist kopfschüttelnd: „Verdammt!" Diese kopfschüttelnde Gemütlichkeit ist das eigentlich Beängstigende an Ungarn. Das Land hatte auch früher schon den zweifelhaften Ruf, von allen unangenehmen Ländern in seiner Umgebung noch das angenehmste zu sein. Inmitten des Zweiten Weltkriegs erschien Ungarn als kleine Insel des Wohlstands und der guten Laune. Einige führende Politiker kokettierten mit den Alliierten, gleichzeitig den Deutschen und Italienern ewige Treue gelobend. Als Erzfeind galt auch damals das verbündete Rumänien. Nur wenige erahnten den Untergang, selbst die Juden hofften noch auf menschliche Behandlung. Plötzlich war dann klar, daß die Zwitterstellung nicht mehr zu halten war, und die Operette ging, selbst für manche Akteure unerwartet, zum Grand Guignol über.

Diese unbeständige Stabilität, diese friedliche Unruhe ist das Hauptdilemma der Opposition. Um in der Sprache von Illyés zu bleiben: kann man im „Windschatten" einen Sturm entfachen?

Das Bibó–Gedächtnisbuch

Das Bibó–Gedächtnisbuch, ein Gemeinschaftswerk von 76 Autoren, umfaßt etwa tausend Seiten: persönliche Erinnerungen, historische und politologische Essays, Gedichte und biographische Dokumente. Das Inhaltsverzeichnis weist eine fast vollständige Sammlung von Vertretern der verschiedensten Strömungen der wissenschaftlichen und literarischen Intelligenz Ungarns auf. Wie der Historiker Miklós Szabó in seinem Vorwort schreibt, vereint die Anthologie „Populisten, Sechsundfünfziger, ehemalige Mitglieder der Bauernpartei, reformierte Christen ... und neben den ‚aktiv Andersdenkenden' auch Schattierungen, die mit dem Œuvre Bibós keine unmittelbare Berührung haben (vor allem die ungarische Intelligenz jenseits unserer Grenzen)." All diese Autoren mit völlig unterschiedlichem intellektuellem Hintergrund verbindet die „Hommage" für István Bibó (1911–1979), der tatsächlich eine hervorragende Persönlichkeit des politischen Denkens und Handelns in Ungarn war. Zwischen 1945 und 1948 arbeitete er in verschiedenen Funktionen im Staatsapparat und gehörte zur zweiten Führungsriege der Bauernpartei. Die kleine linke Organisation war in den dreißiger Jahren von populistischen Schriftstellern und Soziographen gegründet worden. Sie hatte mit der Kommunistischen Partei ein Bündnis geschlossen, das allerdings immer wieder in Frage gestellt wurde – mal von der Basis, mal von der Führung der Organisation. Obwohl sich die Bauernpartei mehrheitlich der KP–Linie anpaßte, wurde sie nach 1949 ebenso aufgelöst wie andere Koalitionsparteien. Ein kurzer Wiederbelebungsversuch unter dem Namen „Petőfi-Partei" in den Oktobertagen 1956 erwies sich, angesichts des tragischen Ausgangs der Ereignisse, als illusorisch.

In den Koalitionsjahren (1945–1947) entfaltete Bibó eine umfassende publizistische Tätigkeit, die er dazu nutzte, einen mittleren Standpunkt zwischen kommunistischer und rechtskonservativer Politik zu vertreten. Er wollte zwar die revolutionäre Umgestaltung der ungarischen Gesellschaft, die auch die Kommunisten auf ihre Fahne geschrieben hatten, warnte jedoch gleichzeitig vor deren gewaltsamen Methoden und ihrer Verschwörungshysterie. Er war der Meinung, die Erziehung der ungarischen Massen zu demokratischem Bewußtsein, die Beseitigung der geistigen Trümmer, die die Horthy-Ära hinterlassen hatte, könne nur durch eine wirkliche „Volksherrschaft" erreicht werden. Diese Demokratie habe die Aufgabe, die Vorteile des parlamentarischen Pluralismus mit der Dynamik sozialer Umwälzungen zu verbinden. Bibó war sich darüber im klaren, daß die Präsenz der Sowjetunion als Siegermacht den von ihm gewünschten Veränderungen Grenzen auferlegte, aber als Mann des Kompromisses hielt er auch eine sehr begrenzte Demokratie, sogar eine eingeschränkte Souveränität für eine hinreichende Voraussetzung, um eine demokratische Entwicklung einzuleiten.
In der ersten Hälfte der fünfziger Jahre wurde Bibó aus dem politischen Leben verbannt. Anfang November 1956 nahm er erneut eine politische Position ein. Er wurde Minister in der Regierung Imre Nagy. Als einziges Regierungsmitglied kam er am Tag der sowjetischen Intervention zur Sitzung des Ministerrats ins Parlament. Dort verfaßte er ein Manifest an das ungarische Volk, verbunden unter anderem mit dem Aufruf zum passiven Widerstand. In einem Memorandum, das er den diplomatischen Vertretungen der Großmächte in Budapest persönlich überreichte, schlug er für die ungarische Frage eine Kompromißlösung vor. Für den Fall einer Systemveränderung, die er ausdrücklich nicht als kapitalistische Restauration begriff, forderte er bestimmte Garantien für die Sowjetunion sowie für die entmachtete Parteielite. Ein Teil des überflüssig gewordenen Apparats sollte mit hohen Renten abgefunden, ein anderer Teil umgeschult werden. Die Betroffenen waren von Bibós Projekt wenig begeistert: der

Minister wurde zu einer lebenslänglichen Gefängnisstrafe verurteilt. Aber durch die Amnestie des Jahres 1963 kam er frei. Bis zu seinem Tod im Jahre 1979 lebte er sehr zurückgezogen.

Bibós Essays, die im Zuge aktueller politischer Auseinandersetzungen geschrieben wurden und Probleme wie „Das Elend der kleinen Staaten Osteuropas" oder „Die jüdische Frage in Ungarn nach 1944" behandelte, wirken auf den heutigen Leser wie historische Arbeiten. Die moralische Haltung, die seine Studien auszeichnet, ließ ihn für die ungarische Intelligenz der siebziger Jahre besonders wichtig werden. Sein politisches Credo aus dem Jahre 1947 etwa, veröffentlicht bei einem Exilverlag, liest sich wie eine Gebrauchsanweisung für ethisches Handeln.

„Entgegen einer landläufig verbreiteten Auffassung muß festgestellt werden, daß man in der Politik nicht lügen kann. Genauer gesagt: man kann natürlich ab und an Lügengeschichten erzählen, aber man kann keine politischen Konstruktionen, kein politisches Programm auf Lügen errichten." In diesem Fall, erklärt Bibó, wird das Programm nicht zu den Ergebnissen führen, die seine Schöpfer und deren Anhänger erwarten. Die Lüge wird im Gegenteil zur Initialzündung für eben die Katastrophe, die man durch sie vermeiden wollte. Als historischen Beleg für diese These führt er den „Ausgleich" zwischen dem ungarischen Parlament und der Habsburg–Dynastie im Jahre 1867 an.

Seine Leser von 1970 dachten, wenn sie solches lasen, natürlich an einen anderen Kompromiß, nämlich an den zwischen der ungarischen Gesellschaft und ihrer Machtelite nach dem Oktober des Jahres 1956. Dieser „falsche Ausgleich" könne, so Mihály Vajda in seiner Bibó–Würdigung, ebenso zu einer Katastrophe führen wie jener von 1867, der das Schicksal der ungarischen Nation mit dem des untergehenden Reichs der Habsburger verbunden und damit besiegelt hatte.

Nach Auffassung Vajdas ist das Bibó–Gedächtnisbuch ein Dokument der Ablehnung dieses „falschen Ausgleichs". Ohne diese Einschätzung zu teilen bzw. sie durch die nachfolgende Entwicklung Ungarns bewiesen zu sehen, kann ich bestätigen, daß tatsächlich einige Herausgeber des Buches diese Absicht verfolgten. Der kleinste gemeinsame Nenner der Anthologieredaktion war jedoch die Suche nach einer konstruktiven Tradition, eine Wiederbelebung des historischen Bewußtseins der Intelligenz. Vor allem ging es darum, jenem Gedächtnisschwund entgegenzuwirken, der sich in Ungarn nach 1956 verbreitet hatte; man hatte sich damit begnügt, an der Konsolidierung der Gesellschaft zu arbeiten. Auch das Werk und die Person Bibós waren der Verdrängung zum Opfer gefallen, wozu sich der Schriftsteller István Csurka in der Anthologie ausführlich äußerte. Bibó wurde nämlich nicht nur von der Opposition lange Zeit verschwiegen, auch seine natürlichen Anhänger, die Populisten, hatten ihn weitgehend vergessen.

Der Redaktionsausschuß, in dem Oppositionelle, offizielle Literaten und Historiker vertreten waren, forderte achtzig Personen zur Mitarbeit auf. Nur vier Autoren erteilten eine Absage. Die Redakteure knüpften keine inhaltlichen oder stilistischen Bedingungen an die Annahme der Manuskripte, wiesen jedoch mehrfach darauf hin, daß sie versuchen würden, das fertige Buch bei einem ungarischen Verlag unterzubringen. Dieser Hinweis war vermutlich für viele Autoren, die der legalen Öffentlichkeit angehörten, beruhigend und wirkte sich außerdem mäßigend auf den Ton vieler Beiträge aus. Später durften einzelne Artikel aus dem Band in verschiedenen Zeitschriften erscheinen, ein Beispiel für die gelegentliche Separationstaktik der Behörden.

Das Gedenkbuch wurde in einer Auflage von etwa 150 maschinengeschriebenen Exemplaren erstellt. Eine ähnliche Situation wie seinerzeit bei der „Profil"-Anthologie entstand: die Verbreitung war einigermaßen umständlich. Selbst die Exilpresse druckte nur einzelne Artikel der Sammlung. Auch die hohen Kosten – die Erstellung einer Seite kostete etwa einen Forint – schränkte den Kreis der potentiellen Leser ein. So war dem Gedenkbuch beschieden, eher durch die Tatsache seiner Veröffentlichung als durch den Inhalt zu wirken.

Für einiges Aufsehen sorgte ein im Samisdat über den Bibó-Band publiziertes vertrauliches Parteidokument, dessen Verfasser zur Wiederentdeckung Bibós folgendes ausführte: „Die intellektuelle Attitüde und der Lebensweg von Bibó schienen als Modell für die Opposition geeignet. Einerseits bietet er Ansätze von kritischem Verhalten, das die Errungenschaften der sozialistischen Entwicklung anerkennt, andererseits gibt es bei Bibó eine Einstellung, die sich, ohne feindselig zu sein, zur vollständigen Autonomie der Intelligenz im Denken wie im Handeln bekennt. So wurde das Modell Bibó zur Grundlage der Illusion eines Einverständnisses zwischen verschiedenen Schichten der Intelligenz." Das vertrauliche Dokument enthielt auch eine ebenso zutreffende Einschätzung der möglichen Wirkung des Gedenkbuchs. Verfasser des Papiers, das im Auftrag der Abteilung Agitation und Propaganda beim ZK erstellt worden war, war András Knopp, Mitglied des Wissenschaftlich-Kulturellen Ausschusses beim ZK. Ein Auszug aus dem sogenannten „Knopp-Papier" erschien neulich im „Ergänzungsband zum Bibó-Gedächtnisbuch", einer Gemeinschaftsausgabe des Unabhängigen AB-Verlags von Gábor Demszky und des Samisdatverlags „M.O.". Laut Knopp war das Hauptmotiv, sich mit Bibó zu beschäftigen, die „Suche nach Ahnen". Als Theoretiker habe er Fragen erörtert – das Problem der Demokratie, das Spezielle der osteuropäischen Entwicklung, die nationale Frage etc. –, die aktuell geblieben seien. Über Bibó selbst wird gesagt: „In seinen Artikeln beschreibt und analysiert er, mit einem umfassenden rechtsphilosophischen, historischen, staatstheoretischen und andere Wissenschaften umfassenden Instrumentarium, historisch-politische Prozesse, die bis heute relevant sind." Kritisch merkt Knopp, Bibó vor Augen, an: „Seine sozial-psychologischen Analysen bleiben an der Oberfläche, obwohl er auf diesem Gebiet durchaus empfindsam ist ... Aber die den Problemen immanenten sozialökonomischen Prozesse interessieren ihn nicht ... So bietet sein abstrakt bleibendes Modell und sein auf die Erhaltung der Demokratie und der Freiheitsrechte ausgerichteter institutioneller Rahmen die

Möglichkeit der Ergänzung und ist daher besonders attraktiv für eine Ideologie des politischen Pluralismus, die jeder wirtschaftspolitischen Programmatik entbehrt, wie sie von den oppositionellen Gruppen in verschiedenen Formen vertreten wird."
Ich zitiere aus dem Knopp-Papier nicht zuletzt deshalb so ausführlich, um den Unterschied zwischen diesem und dem offiziellen Verdikt gegen die Lukács-Schüler von 1973 zu dokumentieren. Das Positionspapier gegen die Budapester Schule war publiziert worden, Knopps Bericht hingegen sollte der Öffentlichkeit verborgen bleiben. Die kühlen, sachlichen und mancherorts zutreffenden Behauptungen des Parteifunktionärs lassen mich fast zu dem Schluß kommen, die Parteiführung hätte besser daran getan, dieses Dokument und andere, die ihm ähnlich sind, zu veröffentlichen und stattdessen Tiraden wie die gegen die Budapester Schule nur in möglichst engem Kreis zu verbreiten. Damit ist nicht gesagt, daß Knopp diesen nüchternen Ton bis zum Ende durchhält. Wie er zum Beispiel die Autoren kategorisiert, in „Oppositionelle", „Feindselige", „Neophyten", „Übereifrige" usw., ist eher oberflächlich. Gemäßigt hingegen ist wiederum die allgemeine Gesamteinschätzung: „Das Bibó-Gedächtnisbuch ist Ausdruck der schlechten Laune der Intelligenz".
Aufschlußreich ist, welche Gegenmaßnahmen Knopp vorschlägt: „Man sollte aus Bibó alles Brauchbare herausholen und bei Magvetö eine Bibó-Auswahl sowie eine Artikelsammlung über ihn veröffentlichen. Dann hätte man auch die Möglichkeit, offensiver aufzutreten, falls das Gedenkbuch illegal im Westen erscheint." Weiterhin: „Man muß mit den nicht-oppositionellen Autoren sprechen, da sie möglicherweise separierbar sind." Das Dokument endet mit einer ziemlich rigiden Forderung; die beiden Autoren, die Parteimitglieder sind, sollten sich von der Anthologie distanzieren, „ansonsten Parteiverfahren". Außerdem sollte man für manche Verlagsangestellte eine Versetzung in Erwägung ziehen.
An einer Stelle weist Knopp auf den „Koalitionscharakter" des Gedenkbuchs hin. Die Plattform dieser Koalition,

bemerkt er, sei jedoch uneinheitlich und nicht sehr stabil – eine durchaus zutreffende Feststellung. Der Bibó-Gedächtnisband war im Grunde ein Versuch, im Zeichen des Minimalkonsenses eine „geistige Einheitsfront" zu schaffen, eine Möglichkeit für die populistische Intelligenz, sich auf Kontakte mit der Opposition einzulassen. Aber „Einheitsfronten" und Koalitionen sind üblicherweise dadurch gekennzeichnet, daß es immer Personen oder Strömungen gibt, die ihren Platz darin nicht finden können. Im vorliegenden Fall nahm Zoltán Zsille diese Rolle ein. Der Redaktionsausschuß wollte sein Manuskript nicht so veröffentlichen, wie es war und schlug eine gründliche Umarbeitung vor. Zsille war dazu nicht bereit. Stattdessen beklagte er sich heftig bei den anderen Autoren des Gedenkbuchs. „In Ungarn", hieß es in einem Offenen Brief mit der Überschrift „Information", „ist also die Opposition selbst im Gedenken an den ehrlichsten und kühnsten Politiker nicht imstande, ein Buch zu veröffentlichen, ohne Verbotsschilder aufzustellen oder bestimmen zu wollen, wer in welchem Maße berechtigt ist, seine aufrichtige Überzeugung zum Ausdruck zu bringen." Er warf dem Redaktionsausschuß vor, ihm gegenüber im wesentlichen „die Gesichtspunkte der offiziellen Zensur" geltend gemacht zu haben.

Sein Artikel hieß „Zurück zum Dritten Weg!" und trug den Untertitel: „Gibt es noch einen Ausweg aus diesem Minenfeld? Und wenn ja, in welche Richtung?" Es handelt sich um ein für die ungarische Publizistik der letzten Jahrzehnte ungewohntes Pamphlet, eine Sinowjewsche Vision über den Kommunismus. Dem apokalyptischen Weltbild des Autors vermag ich nur schwer zu folgen; sein „Held", der Kommunismus, kommt mir keineswegs so vollkommen vor, wie er ihn zeichnet. Zumindest seit 1956 stimmt zum Beispiel folgende Behauptung Zsilles nicht: „Der sozialistische Staat funktioniert auf jedem Gebiet so, daß die in der Öffentlichkeit sichtbaren Ereignisse nach einem hinter geschlossenen Türen verfertigten Drehbuch vor sich gehen." Wahr und zutreffend hingegen sind jedoch manche seiner empirischen Beobachtungen über die

Mammutunternehmen der ungarischen Industrie: „Die sogenannten großen sozialistischen Unternehmen sind tausendfache Potenzierungen des Stachanow-Prinzips, oft mit ehemaligen Stachanowisten an der Spitze (das Stachanow-System ist in der Sowjetunion eine Methode zur Steigerung der Arbeitsleistung über die Arbeitsnorm hinaus, benannt nach dem Stoßarbeiter A. Stachanow, dessen Leistung möglichst viele erreichen sollten, G. D.). Für diese vielzitierten ‚modernen', ‚den Weg der intensiven Entwicklung beschreitenden' Betriebe ist charakteristisch, daß sie aus der Staatskasse einen Freifahrschein für die jeweilige Kurzstrecke zwischen den einzelnen Stationen der ‚intensiven Entwicklung' erhalten. Um diesen Freifahrschein auch tatsächlich zu erlangen, benehmen sie sich nach dem Verhaltenskodex der‚sich intensiv entwickelnden Betriebe', wie es in der Öffentlichkeit propagiert wird. Der schlichte Titel des ‚modernen' Betriebes wird mit einem Lächeln und einem Händedruck verliehen, und er ist dazu geeignet, das Wesen der ‚modernen' Produktion zu verhüllen: die neue Konzentration der Macht, die hemmungslose Ausbreitung der Großbetriebe, die Unterwerfung und Verkrüppelung kleiner Betriebe bis hin zu deren Lebensunfähigkeit."
Auch dort, wo Zsille eindeutig übertreibt, ist er interessant und authentisch. So liest sich zum Beispiel sein Aufruf am Schluß des Pamphlets wie ein surrealistisches Manifest:

„Sitzen wir dem Blabla nicht auf!
Wenn es kein Brot gibt, nur trockenes,
wenn es keine Milch gibt, nur saure,
wenn es kein Fleisch gibt, nur in der Stadt,
wenn es keine Wohnung gibt, nur die von uns gebaute,
wenn es keinen Kindergarten gibt, nur für die Kinder der anderen,
wenn es kein Wissen gibt, nur für die Privilegierten,
wenn es keine Politik gibt, nur ohne uns und gegen uns –
glauben wir ruhig unsren Augen, nehmen wir das doch zur Kenntnis:
es gibt alles das wirklich nicht!"

Das Beispiel Zsilles offenbart, was zum damaligen Zeitpunkt außerhalb der Möglichkeiten der kritischen Intelligenz, ja sogar außerhalb der Möglichkeiten der Samisdat-Bewegung lag. Der Konflikt um Zsille war ein indirekter Beweis dafür, daß der Pluralismus auch in der neu entstandenen politischen Kultur seine Grenzen hatte.

Bilanz

Anfang 1981 begann man mit dem systematischen Verkauf von Untergrundliteratur in der Wohnung von László Rajk, die jeden Dienstag als Verkaufsstelle und gleichzeitig als eine Art Clubraum diente. Die Maschinenschrift wurde nach und nach von Trockenkopien, später vom Siebdruckverfahren abgelöst. Mittels dieser Technik ließ sich die Auflage der Veröffentlichungen bedeutend erhöhen. Auch die Herausgabe eines Periodikums wurde möglich, und im Herbst 1981 erschien erstmalig die Zeitschrift „Beszélö“ (= Sprecher). Die Redakteure – János Kis, Ferenc Köszeg, Miklós Haraszti, György Petri und Bálint Nagy – versahen die Innenseite des Deckblatts mit ihren Adressen und Telefonnummern. Gleichzeitig gründete man einen unabhängigen Verlag unter der Leitung Gábor Demszkys (s. Dokument Nr. 8). Dessen erste öffentliche Buchpräsentation fand ebenfalls im Dezember 1981 statt. Petris Gedichtband „Der ewige Montag“ wurde vorgestellt. Das kleine Buch erschien in einer Auflage von 960 Siebdruckexemplaren, versehen mit einem Foto des Autors.
Bereits im Frühjahr 1981 dachte man daran, den Samisdat zu erweitern, doch ließ sich der Plan erst in den Anfangsmonaten des Jahres 1982 verwirklichen. Grund dafür war ein Ereignis, das für die ungarische Opposition nicht nur von Bedeutung war, sondern eine entscheidende Wende einleitete. Am 13. Dezember 1981 wurde in Polen der Kriegszustand proklamiert. Spätestens von da an war die Zeit vorbei, daß sich jene informelle Gruppe der kritischen Intelligenz, die 1977 zum ersten Mal von sich hören ließ, weiterhin als vorwiegend „kulturelle Opposition“ verstand. Allerdings blieb der Kultursektor auch weiterhin das bevorzugte Aktionsfeld der Samisdat-Presse.

Diese Entwicklung hin zur „eigentlichen" Politik begann mit einer Programmdiskussion, die in der Zeitschrift „Beszélö" eingeleitet wurde. Das gemäßigt-legalistische Programm von János Kis (s. Dokument Nr. 10) stieß von zwei Seiten auf harsche Kritik. Als Vertreter der einen Richtung sei hier der Publizist Pál Szalai erwähnt, der dem Kreis um Kis eine Abkehr von der Tradition des Oktoberaufstands sowie eine Hinwendung zur Reformströmung in der Partei vorwarf und stattdessen eine klare radikale Programmatik verlangte. Träger einer andersartigen Kritik war der Literaturwissenschaftler Csaba Könczol, der daran interessiert war, die Tätigkeit der Opposition eng am aktuellen literarisch-publizistischen Bereich anzusiedeln.
Der Ausnahmezustand in Polen brachte auch Änderungen im Verhalten der Behörden mit sich. Vom Sommer 1982 an kam es des öfteren vor, daß Redakteure der unabhängigen Presse auf offener Straße von Polizisten demonstrativ beschattet und sogar bedroht wurden. Im Dezember fanden mehrere Razzien in der Wohnung von Rajk statt, die Samisdat-Buchhandlung wurde aufgelöst. Rajk selbst mußte einen Wohnsitz weit entfernt vom Stadtzentrum nehmen. Der Umzug wurde von Polizisten organisiert und durchgeführt. Im Frühjahr 1983 durchsuchte man mehrere Wohnungen und Autos nach Samisdat-Literatur. Im September schlugen „Verkehrspolizisten" den Leiter des Unabhängigen Verlags AB, Gábor Demszky, zusammen. Später machte man ihm den Prozeß wegen Widerstands gegen die Staatsgewalt und Gewaltanwendung gegenüber Beamten. Haussuchungen und Beschlagnahme illegaler Literatur sind seitdem durchaus üblich. Auch eine autonome Friedensgruppe löste man im Sommer 1983 mit rein polizeilichen Mitteln auf (zur Friedensarbeit der demokratischen Opposition s. Dokument Nr. 9).
Trotz dieser relativ harten Gangart kann man nicht behaupten, daß die Behörden sich zu einem endgültigen Schlag gegen die Dissidentengruppen entschlossen hätten. Man braucht nicht ausdrücklich zu betonen, daß eine solche Maßnahme eine reine Routineangelegenheit wäre. Drohgebärden, die in diese Richtung weisen, häufen sich

in der offiziellen Presse. Unlängst erklärte der ungarische Innenminister István Horváth in einem Interview der Parteizeitung „Népszabadság", Personen, welche die öffentliche Ordnung störten, würden „entschieden zur Rechenschaft gezogen". Des weiteren beklagte er, daß sich die „Aktivität der gegen uns gerichteten Zentren ... in Richtung Konfrontation verlagert" habe. Warum schlägt man dann nicht zu? Wie lange wird man noch dulden, daß in der Westpresse Artikel erscheinen, die zum Beispiel verbreiten, es gebe in Ungarn „eine vom Regime Kádárs fast anerkannte Opposition"?
Die Antwort ist nicht einfach. In sozialistischen Ländern haben politische Maßnahmen immer eine zweite, sozusagen symbolische Bedeutung. Natürlich könnte man hart durchgreifen, aber das würde mehr bedeuten als nur die Verhaftung von ein paar Intellektuellen. Die bisherigen Verfahren gegen Dissidenten zum Beispiel, formal wegen Mißbrauch des Presserechts eingeleitet, müßten wegen staatsfeindlicher Hetze weitergeführt und eindeutig als solche gekennzeichnet werden. Man müßte jedoch die ganze Politik umkrempeln, wollte man dazu übergehen, politische Prozesse als Kampfmittel einzusetzen. Eine solche Wende würde gesellschaftlichen Kräften den Weg bahnen, die jede Reform und auch den offiziellen Liberalismus als systemgefährdend betrachten. Man wäre vielleicht gezwungen, die Reform zu stoppen, und das wäre das Ende des Kádárismus. Ist es dann nicht einfacher, ab und zu Razzien und Haussuchungen durchzuführen, Ausreisegenehmigungen zu erteilen und Publikationsmöglichkeiten zu gestatten? Lohnt es sich, einer kleinen Gruppe von Andersdenkenden wegen in der westlichen Öffentlichkeit das Image zu verlieren, das liberalste Land im Ostblock zu sein?
Diese Zwiespältigkeit der offiziellen Haltung wirkt sich auch auf die Opposition aus. Ereignisse wie die Razzia bei Rajk verstärkten radikale oder zumindest verbalradikale Tendenzen, wie sie etwa in einem Pamphlet des SZETA-Mitbegründers András Nagy mit dem Titel „Landschaft nach dem Schlag" zum Ausdruck kommen. Der Autor

schlägt vor, den konspirativen Formen der Arbeit größere Aufmerksamkeit zu schenken. In manchen Ausgaben der neuen Samisdat-Zeitschrift „Hirmondó" (= Bote) spürt man das Streben nach „Fundamentalismus". Aber was heißt schon „Fundamentalismus" auf ungarisch? Zu Khomeini gehört auch ein persischer Schah, und Kádár ist nicht einmal ein Ceaucescu. Ob es uns gefällt oder nicht, uns kritischen ungarischen Intellektuellen geht es zur Zeit besser als unseren Kollegen in Berlin, Prag oder Bukarest. Und unser praktisches Verhalten beweist das auch. Beispielsweise hat sich in Ungarn bis heute keine Gruppe gebildet, die man mit dem polnischen KOR oder der tschechischen Charta 77 vergleichen könnte. Ich habe den Eindruck, daß dies den spezifischen Bedingungen unserer Gesellschaft entspricht. Die sowjetischen Dissidenten werden nach Sibirien verbannt, ein ungarischer Dissident wird heutzutage schlimmstenfalls unter Polizeiaufsicht gestellt. Unser Sibirien ist unsere eigene Wohnung.

Eine Frage bleibt noch offen: in welcher Weise und in welchem Umfang übte der Samisdat auf die offizielle Kultur in Ungarn einen Einfluß aus? Es ist keine leichte Aufgabe, dies zu untersuchen. Zum einen gibt es keine meßbaren Kriterien, um den Umfang des Einflusses zu bestimmen, zum anderen ist es schwer, den Wirkungsbereich des Samisdat von dem Bereich zu trennen, in dem sich die kulturelle Weiterentwicklung abspielt.

In Ungarn bestehen zwischen offizieller und inoffizieller Kultur keine so klaren Trennlinien wie in anderen osteuropäischen Ländern. Kritische Autoren, die ihre Schriften in beiden Bereichen veröffentlichen, sind keine Seltenheit. Es ist auch keinesfalls so, daß die Existenz der demokratischen Opposition und die der Manuskriptliteratur in der Öffentlichkeit totgeschwiegen wird, wie z.B. in der CSSR. Die Art und Weise, wie mit dem Thema umgegangen wird, unterscheidet sich ebenfalls von der in den Nachbarstaaten. Man greift nicht ausschließlich auf bürokratische Phrasen zurück, sondern gebärdet sich lieber und häufiger als Realpolitiker. Der offizielle Publizist Sándor Fekete hat in seiner Wochenschrift „Uj Tükör" eine fast regelmäßige

Rubrik eröffnet, in der Kritik an der Opposition geübt wird. Die Glaubwürdigkeit seiner manchmal scharfsinnigen und zutreffenden, manchmal jedoch unter der Gürtellinie agierenden Argumentation leidet oft darunter, daß er meist nicht mehr als fünf Zeilen aus den Werken der von ihm kritisierten Autoren zitieren darf. Zur Ermordung des polnischen Geistlichen Popieluszko durch Sicherheitsleute um Pietruszka, die er im übrigen vorbehaltlos verurteilt, aber teilweise durch das Verhalten des Pfarrers provoziert sieht, schreibt Fekete: „Zum Glück gibt es bei uns keine Popieluszkos, weder auf Kirchenkanzeln noch in Wassersammelbecken ... Diese Tatsache hängt offensichtlich damit zusammen, daß auch die ungarischen Pietruszkas, hoffentlich für alle Zeiten, aus dem Apparat entfernt worden sind. So kann es in Ungarn nicht zu einer fanatischen Schlacht zwischen Scheinkommunisten und Scheinkatholiken kommen. Es kann nur passieren, daß sich, wie vor ein paar Monaten, ein Dutzend Intellektueller mit dem Kampf des Paters Popieluszko solidarisch zeigt ... So viele Popieluszko-Sympathisanten kann dieses System sicherlich vertragen, der Staat hat sich ja zum Glück auch diesmal nicht provozieren lassen. Das kränkt so manchen Protestler, der sich gerne mit einem billigen Märtyrerkranz dekorieren würde. In ihren Veröffentlichungen, die dem Stil des seligen Szabad Nép (Parteizeitung vor 1956, G. D.) von 1950 folgen und nur inhaltlich unter anderem Vorzeichen geschrieben wurden, diskutieren sie auch manchmal die Frage, ob sie nicht ungewollt dem Establishment angehören. Einige von ihnen genießen alle Vorteile der doppelten Publikationsmöglichkeiten (der offiziellen und der inoffiziellen, G. D.) und können jährlich mehr Zeit im Westen verbringen als ein durchschnittlicher ungarischer Staatsbürger während seines ganzen Lebens."

Der Samisdat ist in einem kulturellen Umfeld zum Thema geworden, das in den letzten Jahren viele Tabus durchbrochen hat. Gegenüber der hintergründigen Argumentation, der Samisdat könnte den Ausbau dieser kleinen Freiheiten gefährden, sei mit aller gebotenen Vorsicht die Annahme formuliert, daß die Existenz einer Manuskriptliteratur die

Reformtendenzen und Autonomiebestrebungen im kulturellen Bereich eher inspiriert als gehemmt hat. Immerhin weisen die oppositionellen und die legal-kritischen kulturellen Strömungen gewisse Parallelitäten auf. Eher als Eigenentwicklung ist zu betrachten, daß der ungarische Film in den sechziger und siebziger Jahren von vorsichtigen Parabeln zu fast kompromißlos sozialkritischen Werken gelangte (dabei ist der Film das einzige Genre, in dem eine offene Zensur durch die Filmübernahmekommission des Ministeriums für Kultur ausgeübt wird). Ebenso existiert seit einigen Jahren als Folge der traurigen Wirtschaftslage des Landes eine radikal kritische ökonomische Publizistik, und das fast ausschließlich im legalen Rahmen. Dies ist umso bedeutsamer, weil die Opposition bis heute über keine klare wirtschaftspolitische Programmatik verfügt. Wir können hier also nicht von einem indirekt zensurlockernden Einfluß des Samisdat sprechen.
Unmittelbarer ist die Wirkung des Samisdat im Bereich der Soziographie. Harasztis „Stücklohn" erwies sich zwar nicht in der Wahl des Themas, aber in der radikalen Sichtweise der Wirklichkeit, als bahnbrechend. Seinerzeit konnte der Parteipublizist Péter Rényi die Fabrikreportage in der deutschsprachigen „Budapester Rundschau" noch als eine falsche Reflexion, als eine aus den Werken von Wallraff und Max von der Grün zusammengelesene Kompilation abtun. Wenn er heute zu einem solchen Trick nicht imstande ist, so liegt dies weniger an seiner Einfallslosigkeit als vielmehr an wachsender Klarsicht einer ganzen Schule von Soziographen. Neuere Veröffentlichungen haben Harasztis Werk in Sachen Gründlichkeit und Radikalität längst überholt. Aber Harasztis *Anspruch*, die ganze Wahrheit auszusprechen, ist bis heute beispielgebend.
Bestimmte Themen, wie zum Beispiel das Problem der nationalen Minderheiten, sind erstmalig von der Samisdat-Presse aufgegriffen und später von der offiziellen Presse übernommen worden. Das gleiche gilt für die Veröffentlichungen aus dem Nachlaß von István Bibó, die offiziellerseits allerdings äußerst lückenhaft waren. Auch die Behandlung der für die ungarische Gesellschaft heiklen

jüdischen Frage ist teilweise den inoffiziellen Veröffentlichungen zu verdanken. Der erste Schritt wurde hier allerdings im offiziellen Bereich getan: 1977 erschien ein Buch von György Száraz über die Geschichte des Antisemitismus in Ungarn.

Mitte der siebziger Jahre schrieb der inzwischen verstorbene Schriftsteller Lajos Maróti, gleichzeitig Leiter eines großen Verlages, eine Komödie über die junge Intelligenz. Hauptfigur ist ein Soziologe, zwischen dreißig und vierzig alt und mit Publikationsschwierigkeiten und krisengeschütteltem Privatleben behaftet. Voller Verzweiflung spielt er mit dem Gedanken, das Manuskript seines Werkes „Paradox der Intelligenz" in den Westen schmuggeln zu lassen. Ein älterer Parteifunktionär tritt auf den Plan und bietet seine Hilfe bei der Veröffentlichung an. Er versteht, aber verachtet diese eitlen Intellektuellen. Gleichzeitig weiß er aber, daß das System stark genug ist, ein paar chaotische Essays und ein paar oppositionsverdächtige Gedankengänge zu verkraften. Am Schluß des Stückes hat der Genosse das Problem des jungen Autors gelöst, verführt jedoch, als findiger Mann, dessen Ehefrau. In dem post-sozialistisch-realistischen Stück – es stellt eine Demonstration des neuen Funktionärsbewußtseins der Ära Kádár dar – erweisen sich aber noch andere Szenen und Auffassungen als Traum- bzw. Trugbilder. Wäre beispielsweise die in der Komödie nahegelegte Rolle Andersdenkender zutreffend, so wäre der ungarische Samisdat kaum mehr als eine Rebellion von Dilettanten und literarischen Karrieristen. Die Themen, die die inoffizielle Literatur aufgreift, beschäftigen hingegen die ganze ungarische Öffentlichkeit. Und weil die Zensur in ihrer spezifisch ungarischen, nicht existenten Form weiterhin besteht – sie macht nicht einmal vor der Produktion des Parteiverlags halt, einschließlich der Entlassung von allzu liberalen Redakteuren –, deshalb hat der Samisdat in Ungarn auch weiterhin eine Bedeutung und Funktion. Um ihn auf natürlichem Wege aus der Welt zu schaffen, müßte man den Rat des sozialistischen Dichters Attila József von 1936 befolgen: „Es gibt Verbrechen, die nur deshalb Verbrechen sind, weil diejenigen, die sie begehen, Opfer einer übertriebenen Fürsorge der Herrschenden sind und infolgedessen bestraft werden. Diese Art von staatlich erzeugter Kriminalität kann und muß bekämpft werden, und zwar, indem man den Schuldigen Straffreiheit garantiert, indem man die Freiheit institutionalisiert."

Verzeichnis der Dokumente

Dokument Nr. 1

Der Prozeß gegen den ungarischen Schriftsteller M. Haraszti vom 15. und 16. Oktober 1973 wegen des Manuskripts „Stücklohn"

Unmittelbar nach der Verhandlung von einem ungarischen Zuhörer angefertigtes Gedächtnisprotokoll. Auszugsweise abgedruckt in: Frankfurter Rundschau, 29. Jg., Nr. 286, 8.12.1973.

Die Verhandlung beginnt um neun Uhr morgens und dauert sechs Stunden. Ein außerordentlich zahlreiches Publikum, vorwiegend Studenten, Intellektuelle und Künstler, hat sich im Gerichtssaal eingefunden, als sich Haraszti in Begleitung seines Verteidigers den Richtern stellt. Schriftliche Aufzeichnungen und Tondbandaufnahmen sind untersagt.

Die Anklageschrift wird hastig heruntergelesen und veranlaßt den Staatsanwalt zu einem ersten Einspruch. Das Wort „Werk" solle in Klammern gesetzt werden, da es sich hier um ein „feindseliges Pamphlet" handle. Der Angeklagte verlangt die Abänderung der aus dem Zusammenhang gerissenen und verdrehten Zitate. Die Gerichtspräsidentin Tóth, die die Verhandlung leitet, ermahnt ihn, zunächst nur auf zwei Fragen zu antworten, nämlich ob er die Anklageschrift verstanden habe und ob er sich schuldig fühle.

HARASZTI: Die Schlußfolgerungen der Anklageschrift und die Strafe, die Sie mir damit auferlegen wollen, habe ich sehr wohl verstanden, den Inhalt verstand ich allerdings nicht. Die Anklageschrift enthält Zitate, die nachweislich verdreht und ungenau sind. Die Anklageschrift bezeichnet nicht näher die Zitate, die angeblich Haß schüren, erwähnt auch nicht die Institutionen, gegen die sich angeblich mein Werk richten soll. Die Anklageschrift stellt eine bestimmte Situation fest, die vage beschrieben wird. Demgegenüber sind die Artikel des Strafgesetzbuches zur „Aufwiegelung" sehr viel präziser. Es heißt ausdrücklich darin, daß die Aufwiegelung eine Handlung sei, die Haß

gegen die staatliche Ordnung, die Verfassung und ihre Grundinstitutionen schüre.
PRÄSIDENTIN: Sagen Sie, ob Sie sich schuldig fühlen!?
HARASZTI: Nein, ich fühle mich in keiner Weise schuldig.
Frau Tóth schildert das Leben des Angeklagten und erwähnt, daß er schon vor diesem Prozeß wiederholt von Polizei und Staatsanwaltschaft belangt wurde. Der Angeklagte macht geltend, daß es sich um willkürliche Eingriffe der Polizeigewalt in kulturelle Angelegenheiten gehandelt habe.
PRÄSIDENTIN: Wann, wie und in wie vielen Exemplaren wurde das Manuskript angefertigt nach Vertragsabschluß mit dem Verlag „Magvetö"? Wann und wem haben Sie es gezeigt?
HARASZTI zeigt sich erstaunt über diese Beschuldigung: Die Anfertigung eines Manuskriptes in neun Exemplaren auf einer Schreibmaschine und die Tatsache, daß es Menschen vorgelegt wurde, würde niemals als kriminell bezeichnet werden, wenn der Staatsanwalt seinen Inhalt nicht für aufwieglerisch hielte. Durch Feststellen der Umstände seiner Verbreitung könnte man den Eindruck erwecken, als sei die Angelegenheit geklärt. Das Wesentliche aber bleibt unklar. Beweisen Sie zunächst, daß das Werk aufwieglerisch ist. – Davon abgesehen, stellt sich eine sehr viel allgemeinere Frage: Ist es Rechtens, die Veröffentlichung eines Manuskriptes durch die Verhaftung seines Autors zu verhindern? Ein solcher Eingriff ist auch dann zweifelhaft, wenn das Manuskript von allen Verlagsanstalten verworfen worden wäre. In meinem Fall war die Zeitschrift „Sociologie" damit einverstanden, das Manuskript auszugsweise in der nächsten Nummer zu veröffentlichen.
PRÄSIDENTIN: Darüber werden Sie noch später sprechen können. Antworten Sie auf die Fragen, die man Ihnen stellt.
HARASZTI: Ich beantworte alle diese Fragen, damit das Gerichtsprotokoll die richtige Fassung dieser Tatsachen festhält, die, und ich wiederhole es nochmals, von geringer Bedeutung sind. Ich lege Wert darauf festzustellen, daß

die Anklage wegen Aufwiegelung bisher nicht bewiesen wurde.
Auf die Fragen der Gerichtspräsidentin hin berichtet der Angeklagte, daß er das Buch Ende 1972 verfaßt habe, daß er es insgesamt in neun Exemplaren anfertigen ließ und zwar in zwei Etappen, um der Meinung konsultierter Personen zu diesem Manuskript Rechnung tragen zu können. Das Manuskript war drei Personenkreisen vorbehalten: Soziologen, Schriftstellern (wegen ihres Fachurteils) und Künstlerfreunden.
Frau Tóth gibt ihm nun die Möglichkeit, seine Meinung über die Anklageschrift zu äußern. Dies stellt sich als ein sehr schwieriges Unterfangen heraus. Er wird wiederholt in seinen Aussagen unterbrochen und bittet das Gericht, wenigstens einen Satz zu Ende sprechen zu dürfen. Dieser Teil des Verhörs zieht sich vierzig Minuten lang hin und läßt sich – wie folgt – zusammenfassen:
Es war nicht meine Absicht, ein Buch über die Institutionen der Ungarischen Volksrepublik zu schreiben. Ich wollte lediglich einige Fragen aufwerfen, die mit der Lage der Arbeiter in der Traktorenfabrik „Roter Stern" in Zusammenhang stehen. Es war mein Ziel, eine positive Kritik zu liefern. Ich beschrieb die Situation in der Fabrikwerkstatt der Wahrheit entsprechend, ohne zu verallgemeinern, ohne Rückschlüsse auf die Organisation innerhalb der Industrie zu ziehen, ohne Rückschlüsse auf die allgemeine Lage in unserem Lande zu ziehen. Es trifft allerdings zu, daß ich den Stücklohn kritisiert habe, aber soviel ich weiß, handelt es sich dabei nicht um eine Grundinstitution des Staates. Es handelt sich dabei nicht einmal um eine sozialistische Institution, sondern um eine kapitalistische Institution. Und auch der ungarische Staat hat eine negative Haltung dazu eingenommen, weil er zu Beginn dieses Jahres beschlossen hat, das Lohnsystem zu ändern und als Kriterium einzuführen: „Mehr Lohn für bessere Arbeit" anstatt „mehr Lohn für mehr Arbeit". Erstes Ziel einer sozialistischen Strategie in der Lohnpolitik ist die Abschaffung des Stücklohns. Verallgemeinert kann man sagen, daß die Aufgabe des Sozialismus die Auf-

deckung der Wirklichkeit und Kritik ihrer negativen Seiten sein muß.

PRÄSIDENTIN: In Ungarn, das sollten Sie wissen, wickelt sich der Strafprozeß auf der Grundlage der Anklageschrift ab. Beschränken Sie sich folglich auf das, was in der Anklageschrift enthalten ist. Warum, beispielsweise, sagen Sie, daß Sie nicht verallgemeinern wollten? Ihr Buch bezeichnet nicht einmal die Fabrik, um die es geht!

HARASZTI: Ein Grundzug der Soziographie besteht eben darin, den Gegenstand der Untersuchung nicht namentlich anzuführen. Eine Fülle von Einzelheiten, über die ich berichte, zeigen deutlich, daß es sich um eine konkrete Werkstatt einer konkreten Fabrik handelt. Profil und geographische Lage der Fabrik sind so klar umrissen, daß jeder Zweifel von vornherein ausgeschlossen ist.

Harasztis Anwalt greift mit der Bitte ein, eine veröffentlichte soziologische Studie zu den Akten zu legen, in der ein ähnlicher Fall behandelt wird und in der im übrigen nicht minder harte Arbeitermeinungen zitiert werden, deren man den Angeklagten beschuldige.

HARASZTI: Folglich ist es erstens falsch zu behaupten, daß ich verallgemeinere. Zweitens ist es nicht minder falsch zu behaupten, daß ich Tatsachen verfälsche. Die Anklageschrift versucht nicht einmal zu widerlegen, was ich in meinem Buch ausführe.

PRÄSIDENTIN: Es ist nicht Aufgabe der Anklageschrift zu widerlegen. Sie soll beweisen.

HARASZTI: Dann soll sie eben beweisen, daß das, was ich in meinem Buch schreibe, falsch ist, denn das behauptet sie ja. Drittens sind die Zitate aus meinem Buch verdreht worden. Sie wurden aus dem Zusammenhang gerissen, diverse Fußnoten blieben einfach unerwähnt, und Meinungen, die ich zitiere, werden mir schlechterdings unterstellt. Beispielsweise unterstellt man mir die Meinung eines Arbeiters, der die Gewerkschaft „einen vom Staat bezahlten Feind" nennt.

PRÄSIDENTIN: Aber Sie teilen doch diese Meinung, nicht wahr?

HARASZTI: Zunächst bin ich nicht wegen meiner Mei-

nung hier, sondern wegen eines Buches, das ich schrieb. Sodann interessiert uns hier nicht die Rolle der Gewerkschaften, sondern die Meinung gewisser Arbeiter über diese Gewerkschaften. Und eben diese Meinungsäußerungen zitiere ich in meinem Buch.
PRÄSIDENTIN: Das brauchen Sie nicht alles vorzulesen. Beschränken Sie sich auf die Seiten, Kapitel und Zeilen, um die es geht und die Ihrer Meinung nach ausgelassen wurden. Wir werden es im Protokoll festhalten.
Das geschah dann auch tatsächlich. Das Publikum im Gerichtssaal verstand recht wenig davon. Der Angeklagte verlangte, daß man seiner Akte folgende Schriftstücke beifüge: Zeitungsartikel, die über den Stücklohn in der parteiamtlichen Zeitung und in einem Wochenblatt erschienen sind, wie auch ein Schriftstück, das Lenin über die Gewerkschaften verfaßte. Darüber hinaus merkte er an, daß die Traktorenfabrik „Roter Stern“, um die es in seinem Buch ginge, inzwischen wegen unüberwindbarer wirtschaftlicher und sozialer Schwierigkeiten einem größeren Unternehmen einverleibt wurde.
Die Zeugenvernehmung beginnt am Nachmittag des 15. Oktober und setzt sich am Vormittag des 16. Oktober fort. Aufgrund der ungarischen Strafprozeßordnung kann der Angeklagte den Zeugen selbst Fragen stellen. Alle Zeugen erschienen auf Vorladung des Staatsanwalts, dreizehn insgesamt, darunter sechs Schriftsteller, zwei Redakteure, zwei der bekanntesten ungarischen Soziologen, zwei Filmregisseure und eine junge Juristin.
PRÄSIDENTIN: Wann haben Sie das Manuskript erhalten? Wußten Sie, daß man seine Veröffentlichung abgelehnt hatte? Was halten Sie von dem Buch?

Ziel der Anklage ist es, zu beweisen:
daß die Meinung des Verlagsleiters von „Magvetö“, Kardos, das Schicksal des Manuskriptes besiegelt, daß das Buch folglich als staatsfeindlich nicht veröffentlicht werden konnte;
daß die Zeugen das Manuskript erst nach der Ablehnung durch Kardos erhalten haben. Folglich beabsichtigte Haraszti nicht, die Meinung von Kollegen einzuholen, son-

dern war lediglich auf die heimliche Verbreitung seines Manuskriptes bedacht;
daß das Urteil der Zeugen negativ ausfällt, daß es seine aufwieglerische Tendenz bestätigt und daß ein solches Urteil Haraszti nicht daran hinderte, dennoch das Manuskript zu verbreiten.
Der Verteidiger Lorand Kaczian fragt die Zeugen, wie viele Exemplare der Verlag „Magvetö" im allgemeinen anfordere, wie viele Lektoren im allgemeinen konsultiert werden (zwei bis acht im allgemeinen. Im Fall Haraszti basierte das Urteil des Verlagsdirektors auf dem Urteil eines einzigen offiziellen Lektors), in wie vielen Exemplaren sie im allgemeinen ihre Manuskripte anfertigen, ob das Urteil des Verlagsdirektors grundsätzlich ausschlaggebend sei und ob die Ablehnung von einer Verlagsanstalt die weitere Veröffentlichung ausschließe. Auch fragt er die Zeugen nach ihrem Urteil über dieses Buch.
Einige Zeugen erhielten das Manuskript vor der Ablehnung durch den Verlagsdirektor, einige erhielten es danach, einige erinnern sich nicht mehr an den genauen Zeitpunkt. Alle Zeugenaussagen sprechen für den Angeklagten. Zwei Zeugen bestätigen, daß Kardos sehr oft seine Meinung ändere, daß er in der Vergangenheit Manuskripte verworfen habe, die er dann später veröffentlichte, und umgekehrt. Alle Zeugen bestätigen ferner, daß die Ablehnung von seiten eines Verlags keineswegs die Veröffentlichung an anderer Stelle ausschließe. Szelényi, damals Redakteur der Zeitschrift „Sociologie", sagte, daß er im Begriff war, Teile des Manuskripts zu veröffentlichen. Er habe vorgehabt, die Kapitel zu veröffentlichen, die die körperlichen und seelischen Folgen des Stücklohns analysieren, wie auch die Kapitel über die soziale Organisation der Fabrik. Seiner Meinung nach seien die als aufwieglerisch bezeichneten Zitate der Anklageschrift in ihrem tatsächlichen Zusammenhang voll akzeptabel.
Auf die Fragen des Verteidigers erwiderten die als Zeugen geladenen Schriftsteller, daß sie ihre Manuskripte in sechs bis sechzehn Exemplaren erstellen. Auch bestätigten sie, daß sie gewöhnlich die Meinung mehrerer Kollegen ein-

holen. Das Urteil der Zeugen über das Buch von Haraszti ist bemerkenswert. Zwei Zeugen äußern sich „vorsichtig gleichgültig“:

JUDIT MARIÁSSI: Ich fand es naiv, wenngleich mir seine Lyrik gefiel.

ANDRÁS NYERGES: Die Beschreibung der Verhältnisse fand ich gut, nur die Beurteilung kam mir langweilig vor. Alles in allem halte ich es für eine positive Kritik.

GYÖRGY KONRÁD: Es handelt sich um eines der besten Werke der soziographischen Literatur Ungarns.

ANDRÁS HEGEDÜS: Ein konstruktives Buch, das vorsichtig in der Handhabung von Arbeiterreaktionen auf die negativen Auswirkungen des Stücklohns ist. Wir haben viel härtere Reaktionen in unseren soziologischen Untersuchungen.

MIKLÓS MÉZÖLY: Sehr gut ist, daß es sich nicht um eine Analyse von außen handelt, sondern um eine Untersuchung, aus der Arbeit in der Fabrik entstanden. Moralisch und intellektuell gesehen, ist es eine ehrenhafte Auseinandersetzung mit dem Gegenstand der Untersuchung.

Nach Vernehmung der Zeugen beginnt die Beweisführung. Der Staatsanwalt, der sich während des Prozesses passiv verhielt, hat nichts mehr hinzuzufügen. Der Anwalt der Verteidigung erklärt, daß die Expertise über die Schreibmaschine falsch sei. Ein Experte hatte erklärt, daß fünf Exemplare auf einer elektrischen Schreibmaschine angefertigt wurden. Die Verteidigung sei in der Lage, die Schreibmaschine vorzuführen, auf der die Exemplare geschrieben wurden. Ferner schlug der Anwalt eine von Soziologen und Schriftstellern durchzuführende Expertise vor.

Frau Tóth unterbricht die Verhandlung. Man erwartet, daß sie die Dokumente vorliest, die die Verteidigung den Gerichtsakten beifügen ließ und daß sie eine Entscheidung in der Frage der wissenschaftlichen Expertise fällt.

Die Präsidentin kehrt in den Gerichtssaal zurück und vertagt den Prozeß.

Dokument Nr. 2

Aufruf im Mai/Juni 1973 gegen die geplante Verschärfung des Abtreibungsgesetzes

Maschinenschriftlicher, unveröffentlichter Protestbrief. Gerichtet an die Abgeordneten des Parlaments und unterzeichnet von 1553 Personen.

Sehr geehrter Herr Abgeordneter!

Der Ministerrat der Volksrepublik Ungarn erließ im Jahre 1956 eine Verordnung, in der das Recht auf Abbruch unerwünschter Schwangerschaften garantiert wird. In unserer Presse mehren sich jedoch in letzter Zeit leider die Stimmen gegen die bisherige Praxis der gesetzlich erlaubten Abtreibung. Diejenigen, die auf eine Verschärfung des Gesetzes drängen, berufen sich dabei einerseits auf den als unbefriedigend erachteten Bevölkerungszuwachs, andererseits auf die gesundheitsgefährdenden Spätfolgen der Abtreibung. Eine eventuelle Einschränkung der Möglichkeiten künstlicher Eingriffe in den Schwangerschaftsablauf würde jedoch zahlreiche Staatsbürger schwer treffen, vor allem die Frauen sowie Leute mit niedrigem Einkommen. Deshalb erachten wir es für wichtig, Sie und damit das Parlament auf gesetzlichem Wege von unserer Meinung zu unterrichten.

1. *Wir halten die Abtreibung für eine seelisch wie körperlich schädliche Methode der Geburtenregelung.* Dennoch ist die einzig wünschenswerte Art und Weise ihrer Abschaffung, sie *überflüssig zu machen!* Weder die niedrige Geburtenrate noch die geringe Anwendung von Verhütungsmitteln kann damit erklärt werden, daß die Möglichkeit einer Abtreibung existiert. Eine eventuelle Erschwerung der Abtreibungspraxis würde deshalb die Anzahl der unerwünschten Schwangerschaften keineswegs vermindern, sondern lediglich das Austragen der Kinder erzwingen. *Ein möglicher Bevölkerungszuwachs als Ergebnis der Einschränkung bisheriger Abtreibungspraxis würde gleichzeitig*

bedeuten, daß sich die Anzahl unerwünschter Schwangerschaften erhöhen würde. Ein *solcher* Zuwachs der Bevölkerung wäre weder im Interesse der Gesellschaft noch des Einzelnen.

2. Das Austragen unerwünschter Schwangerschaften hat schädliche Folgen für das Leben des Kindes und seiner Eltern. Wie Erfahrung und wissenschaftliche Untersuchungen zeigen, wachsen unerwünschte Kinder häufig unter schlechten materiellen und gefühlsmäßigen Bedingungen sowie in einer beengten Wohnsituation auf. Seelische Entwicklungsstörungen, asoziales Verhalten, Jugendkriminalität und damit die Notwendigkeit staatlicher Erziehung (Vormundschaft) treten bei solchen Kindern häufiger als bei anderen auf. Das unerwünschte Kind kann eine eventuell schlechte Beziehung zwischen den Eltern weiter verschlechtern, eine gute Beziehung beeinträchtigen. Außerdem würde vermutlich die Anzahl getrennt lebender Eltern steigen. Die Erziehung von Kindern aus solchen Ehen ist zumeist Aufgabe der Frauen, und dadurch würde die soziale Rolle der Frau und ihre Mobilität noch weiter eingeschränkt, denn die Versorgung mit Kinderkrippen bzw. -gärten ist nicht einmal für den heutigen Bevölkerungszuwachs, der ja als allzu niedrig erachtet wird, bedarfsdeckend.

3. Eine Einschränkung der gesetzlichen Möglichkeiten des Schwangerschaftsabbruchs würde aber nicht nur eine falsche Erhöhung des Bevölkerungszuwachses mit sich bringen, sondern würde auch im Bereich der Gesundheitserhaltung nur zu einer scheinbaren Lösung führen. Denn eine solche Einschränkung würde notwendigerweise auch die Zahl inkompetenter Eingriffe und illegaler Abtreibungen erhöhen. Diese sind bekanntlich weitaus gefährlicher als fachmäßig durchgeführte Eingriffe im Krankenhaus unter sorgfältiger ärztlicher Betreuung.

4. Eine Einschränkung der Abtreibungsmöglichkeiten hätte auf sozialem Gebiet schwerwiegende Folgen, denn sie würde vor allem sozial und kulturell Benachteiligte treffen. Da Methoden der Empfängnisverhütung in solchen Bevölkerungsgruppen wenig bekannt und verbreitet

sind, kommt es häufiger zu unerwünschten Schwangerschaften. Für diese Betroffenen wäre eine illegale ärztliche Abtreibung praktisch unzugänglich, und sie müßten daher häufiger einen inkompetenten Eingriff riskieren. Schließlich würde ihr Lebensniveau unter der Last der Kindererziehung weiter beeinträchtigt.

Wir sehen folgende Möglichkeiten, Abtreibungen überflüssig zu machen:

1. Es müßten Methoden der Geburtenkontrolle entwickelt werden, die eine ungefährliche Empfängnisverhütung für alle ermöglichen würden. Die derzeitigen Präparate (Pillen) wie Infecundin oder Bisecurin bieten zwar eine 95 %ige Sicherheit, aber es treten Nebenwirkungen auf, so daß diese Tabletten nur auf Rezept erhältlich sind und ihre Anwendung unter ärztlicher Kontrolle erfolgen muß. Andere chemische und mechanische Verhütungsmittel bieten keine hinreichende Sicherheit. Neuerdings verspricht man, eine neue Tablette in Umlauf zu bringen, die in den Hormonhaushalt der Frau nicht eingreift und daher auch nur unerhebliche Nebenwirkungen habe. Die Pille, Cervicundin, könnte dann auch ohne Rezept zugänglich sein. Weil sie zu 97 % sicher ist, wäre eine Abtreibung nur noch bei „Unfällen" erforderlich. Die Möglichkeit der Abtreibung müßte allerdings erhalten bleiben und gewährleistet werden.

2. Es wäre notwendig, mittels Rundfunk, Fernsehen und Presse eine Propagandakampagne für alle Lebensalter und sozialen Schichten zu starten. Diese Kampagne sollte zumindest so wirkungsträchtig sein wie die Reklame, die man vor kurzem für die Einführung der Postleitzahl gemacht hat. Die in einigen Schulen bereits eingeführte moderne Sexualaufklärung sollte allgemein verbindlich in die Lehrpläne aufgenommen werden, einschließlich der Information über Methoden der Empfängnisverhütung, die in die Lehrpläne der achten Oberschulklassen eingehen müßte.

3. Eine eventuelle Einschränkung der Abtreibungspraxis würde nicht zur Gebärfreudigkeit beitragen. Diese wäre nur ohne Zwang positiv beeinflußbar. Man müßte einen

größeren Teil des Nationaleinkommens als bisher darauf verwenden, das dringliche Wohnungsproblem zu lösen sowie eine Erhöhung der Kindergarten- und Krippenplätze zu bewirken. *Initiativen, die in Wohnsiedlungen Kinder gemeinschaftlich und organisiert beaufsichtigen wollen, sollten stimuliert und unterstützt werden.*

4. Damit die Kindererziehung nicht das Lebensniveau der Familie vermindert, erachten wir folgende Maßnahmen für notwendig:

a) eine bedeutende Erhöhung der Familienzuschläge (Kindergeld, G. D.) und eine Ausweitung dieser Zahlungsverpflichtung auf jedes Kind;

b) die Einführung eines Erziehungsgeldes, das von allen Personen (Vater, Mutter, Großeltern) beantragt werden kann, die die häusliche Versorgung des Kindes bis zu dessen sechstem Lebensjahr auf sich nehmen.

Beide Arten von Hilfe wären nur dann wirksam, wenn sie zum Pro-Kopf-Einkommen der Familie umgekehrt proportional wären, d.h. wenn die Familien mit dem geringsten Einkommen den größtmöglichen Hilfsbetrag erhielten.

Wir bitten Sie, unsere Meinung und unsere Ansichten im Parlament zu vertreten, einem neuen Abtreibungsgesetz, das die bisherige Praxis verändert, entgegenzuwirken und stattdessen andere Problemlösungen, auch die von uns vorgeschlagenen, zu befürworten. Wir bitten Sie, eine offene und öffentliche Diskussion der Frage herbeizuführen, damit die Wählermeinung besser artikuliert werden kann.

Dokument Nr. 3

Miklós Harasztis Gedanken im Jahre 1977 zum Thema „Was ist Marxismus?"

Stellungnahme zu einer von András Kovács Anfang 1977 angeregten Umfrage, deren Ergebnis in sehr geringer Auflage unter dem Titel „Marx im vierten Jahrzehnt" erschienen ist. Eine leicht gekürzte Fassung des Beitrages von M. Haraszti, abgedruckt in: Osteuropa Info, Juni 1979, S. 16 ff.

Der Marxismus ist ein historischer Plan. Er hat eine öffentliche und eine geheime Lehre. Die öffentliche Lehre lautet: Befreiung. Die geheime Lehre ist: Die Befreiung hat dann stattgefunden, wenn die marxistischen Planer an die Macht gekommen sind. Ich kann es schwer glauben, daß es eine einzige marxistische Strömung geben kann, die aus dieser Bestimmung herausfallen könnte.
Diese Dualität bedeutet nur soviel, daß der Marxismus eine Ideologie ist: eine selbständige Ideologie der Planer. Seine Argumentation, die einmal die Notwendigkeit, ein anderes Mal die Unausweichlichkeit des An-die-Macht-Kommens der Planer im Interesse der Befreiung betont, ist nichts anderes als das Werkzeug im Sinne dieser Machtergreifung.
Der Marxismus bleibt dort unbedeutend, wo die Entwicklung in die Richtung gesellschaftlicher Planung geht, da es dort nicht notwendig ist, daß eine die Kontinuität der gesellschaftlichen Entwicklung unterbrechende, selbständige „revolutionäre" Ideologie die Planung legitimiert. In den östlichen Gebieten unseres Globus ist dagegen dieser intellektuelle Bonapartismus fast unwiderstehlich, während er im Westen wegen der Lebensfähigkeit der Demokratie zur Stagnation verurteilt ist. Diese Entwicklung dauert auch heute an, sie feiert aber einen paradoxen Sieg. Nämlich da, wo der Marxismus siegt, und die leitende-planende-organisierende Intelligenz zu einem Staat und zu einer herrschenden Klasse zusammengeschweißt ist, dort verliert er quasi seine Bedeutung. Und zwar gerade deswegen, weil es ihm gelungen ist, die Aufgabe der Autonomie des Einzelnen zugunsten der Autonomie des Ganzen als einer natürlichen, siegreichen Ratio aufzuheben. Die Partei ist aus einer Avantgarde der organisierten Intelligenz zu einem berufsmäßigen Wächter der Unteilbarkeit der Macht geworden und die marxistische Staatsreligion zur einzigen Lösung für die Sicherung der Herrschaft der Planung. Aber sie nimmt es mit wachsender Beunruhigung

wahr, daß die Bevormundung sich als überholt beweist. Die befreiten Planer sind undankbar. Die Herrschaft der organisierten Intelligenz hat keine Alternative mehr.
Die Planer sind deswegen immer mehr bestrebt, sich, statt auf die Dogmen, auf jenes Volksempfinden zu stützen, von dessen möglichen Faktoren gerade jener die Autonomie des Individuums endgültig zerstört hat, welcher ihnen durch die marxistische Gesellschaftsveränderung zur Macht verholfen hat. Zuerst der „überflüssige" Terror, dann die „überflüssige" Koordination, und endlich wird vielleicht der „überflüssige" gedruckte Text zum Opfer dieses paradoxen Erfolgs des Marxismus. Die Ideologie der befreiten Planer kann sogar die Forderung nach der Freiheit des Individuums in ihr Instrumentarium aufnehmen – sie brauchen nicht zu befürchten, daß dies Wirklichkeit wird. Die marxistische Bevormundung hat selbst durch den Prozeß des Absterbens der Autonomie des Individuums im Spätkapitalismus Schützenhilfe erhalten: Sie hat diesen geschichtlichen Prozeß zum Element ihrer Heilslehre erhoben.
Der Marxismus ist natürlich keine Ideologie der Arbeiterklasse. Die die Führung der Arbeiterklasse übernehmende intellektuelle Avantgarde verfolgte die Ziele, die durch die Interessen der gesamten modernen Intelligenz diktiert wurden: Die Entfernung der für das Wirtschaftswachstum entbehrlich gewordenen Bourgeoisie, die Beseitigung der Krisen und des Klassenkampfes, die Einführung der Herrschaft über die Individuen durch das durch Vernunft–Wissen–Fachwissen–Planung–Willennivellierung definierte Ganze. Sobald all dies geschaffen wurde, wird der ideologische Zwang, diese Bestrebungen der Arbeiterklasse zuzuordnen, lästig. Die Verbindung des Sozialismus mit der Arbeiterbewegung, der Idee der Befreiung und sogar „Selbstbefreiung" der Arbeiterklasse ist jene falsche Vernunftgeste, die die Entwicklung der gesellschaftlichen Übermacht dort sichert, wo die Intelligenz zu schwach ist, die Herrschaft auf evolutionärem Weg zu erlangen. Das Unmögliche, die Befreiung der Arbeiterklasse, ist auch der Intelligenz nicht gelungen. Immer schonungsloser verifi-

ziert sich die Prophezeiung von Marx, daß die Freiheit des Privateigentums, die Herrschaft der Bourgeoisie eine vorübergehende Formation ist, auf die eine große Negation, eine neue Zivilisation folgt. Zur Unsterblichkeit von Marx genügt die Weitsichtigkeit, daß diese Negation durch die eigene Entwicklung des privatkapitalistischen Systems erzwungen wird. Er hat, abgesehen davon, was er hinzugefügt hat, zweifellos gesehen, welchen Weg das Wachstum der Technologie geht: Unter der Haube der Verschmelzung von Macht, Wissen und Wirtschaft wird die für präkapitalistische Formationen charakteristische „Bauchnabel-Situation", also das Eingebettetsein des Individuums, wieder „hergestellt" und hört die Autonomie des Privatinteresses auf.
Der Marxist ist natürlich kein Marxist mehr, wenn er gezwungen wird, sich mit dem Ruhm dieser phantastischen Scharfsichtigkeit zufrieden zu geben und auf die ideologische Doxologie zu verzichten.
Ist die Arbeiterklasse vielleicht betrogen worden? Es ist zwar wahr, daß der Arbeiter weder vom Sozialismus noch von irgendeiner Geschichte etwas bekommen hat und auch nichts bekommen kann, was an die Aufhebung der Ausbeutung, der Abhängigkeit oder der sinnlosen Arbeit erinnern könnte, also an diejenigen Versprechen, die über ihre ökonomischen Kämpfe hinausgewiesen haben. Trotzdem kann er nicht als vollkommen betrogen angesehen werden. „Organisiertheit innerhalb der Fabrik, Anarchie außerhalb der Fabrik" – hieß die marxistische Kritik; der in der Kritik verborgene Plan, das staatliche Eigentum jeglicher Arbeitskraft, versprach Existenzsicherheit den Arbeitern und zugleich Macht den Organisatoren. Der zentrale Einsatz aller verfügbaren Arbeitskraft ist der große Vorteil des Sozialismus für die Arbeiter.
Diese Klasse ist an die modernen Produktionsmittel zu stark gebunden, als daß sie sich aus ihrer abhängigen, ausführenden Rolle befreien könnte, die ihr durch die herrschende Technologie zugeteilt wird. Aber dieselbe Abhängigkeit brachte es hervor, daß die anderen Pole der Technologie, also die leitende Intelligenz, die verdienstvolle

Aufgabe bekam, die egoistischen Mißbräuche des Privateigentums zu verhindern, den freien Arbeitsmarkt abzuschaffen und die uneingeschränkte Teilnahme der Arbeiter an der Produktion zu gewährleisten. Der Sozialismus, die Zentralisierung des Kapitals in der Hand des Staates, befreite die Arbeiterklasse nicht von ihren Ketten, sondern von den durch den Wettbewerb der Kapitalisten verursachten Zufälligkeiten, die es verhindert haben, daß die Arbeiter ihre Ketten als schicksalhaft und sicher empfinden. Diese Befreiung der Arbeiter wurde zuerst in Form einer Entrechtung zur Wirklichkeit. Wenn ihre Empörung durch jene Illusionen angeheizt wird, laut denen die Arbeiterklasse frei werden kann, noch bevor die Fabriken abgeschafft werden, also bevor selbst die Arbeiterklasse zu existieren aufhört, dann haben wir damit nur eine neue Version der intellektuellen Heuchelei dargestellt. Die freie Organisierung der Arbeiter ist freilich eine Forderung, die jeder Arbeiter gerne übernehmen würde, wenn er es wagte. Und wenn sich der Sozialismus gegenüber dieser Forderung in der Zukunft offen zeigte, dann wäre das ein Zeichen dafür, daß die Technologie, die Planer und Organisatoren fähig geworden wären, die möglichen Störungen einzukalkulieren. (...)
Die befreite Intelligenz wird sich um die Geschichtsphilosophie und Partei von Marx–Engels–Lenin–Stalin solange scharen, bis ihre Macht durch irgendetwas – einschließlich der größeren Freiheit ihrer eigenen Gruppen – gefährdet sein könnte.
Der Marxismus ist der Geist der Technologie, eine erkannte und mit religiöser Liebe vorgetragene Notwendigkeit. Der Religionsstifter war nicht der erste Ideologe des neuen Agenten der Geschichte, die „utopischen" Sozialisten kamen früher. Aber er traf den Kern des Zeitgeistes. Seine Negation und sein Versprechen war gründlich genug, seine Wissenschaftlichkeit war hinreichend heuristisch und synthetisch, um die Intelligenz aus dem Bann der individuellen Werte herauszureißen und sie zur Beschleunigung und Führung desjenigen Prozesses anzuspornen, der auch unabhängig von Marx zur Macht der In-

tellektuellen geführt hätte. Heute ist es fast unverständlich, weswegen die Menschen auf das Versprechen der klassenlosen Gesellschaft hereinfallen konnten. Die überraschend schnelle Wirkung dieses Versprechens zeugte von der Reife der gesellschaftlichen Krise und von der Fähigkeit des marxistischen Sozialismus, den beiden durch die Technologie hervorgebrachten modernen Klassen Selbstbestätigung zu liefern und die späteren herrschenden und untergebenen Klassen als eine einheitliche Masse gegen das Bürgertum aufzuführen.

Der organisierten Intelligenz bot der Marxismus eine Welt an, in der das Wissen, das heißt die Wissenschaft, führt. Dieser Schicht – die ihr Gesicht und ihre Rolle ständig wandelt –, dieser ewigen Dienerin des Wissens schrieb zum ersten Mal die Entwicklung des Kapitalismus eine welthistorische Bedeutung zu, indem das Wissen, die Information und die Organisation immer mehr zur Triebkraft der Produktion und zur Quelle der Macht wurden. Sie ist Abkömmling und Hebamme der modernen Produktion und Führung, der sich selbst befruchtenden Wissenschaft und Technologie, des komplex organisierten Eigentums, des stark werdenden Staates: nicht der Arbeiterklasse, sondern ihr kommt der Titel *„Totengräber des Kapitalismus“* zu. Mit der Geburt der organisierten Intelligenz verteidigt sich der Staat gegen den Kapitalismus, der die Basis seiner dauerhaften Existenz in Frage stellt, indem er die private Freiheit – dieses bei weitem nicht so dauerhafte Heiligtum – opfert. Das Marxsche Werk ist ein gewaltiges Argument dafür, daß die sich totalisierende Planung – als Domäne der Intelligenz innerhalb der gesellschaftlichen Arbeitsteilung – zu einem gerechten Herrscher der Gesellschaft werden kann, wobei die Intelligenz auf diese Wende gewartet hatte.

Der Erfolg des Marxismus rührt nicht nur daher, daß er diese realen Interessen in einer quasi religiösen Ideologie der Befreiung vereinigte, sondern auch daher, daß er die Vision der Befreiung gerade mit den historisch fortgeschrittensten Entwicklungstendenzen in Zusammenhang brachte. Dies war im Einklang mit dem Bedürfnis der Menschen, eine optimistische Ideologie zu haben, die das Gute, die Geschichte und den Willen vereinigt. Marx setzte auf die zentralisierenden, monopolisierenden, integrierenden Tendenzen. Er leitete das Ende des Bürgertums von dieser notwendigen Konsequenz bürgerlicher Wirtschaftstätigkeit ab. Die von ihm vorgeschlagene Welt stellt den Sieg dieser Tendenzen dar und zugleich den Versuch ihrer Verklärung.

Wer könnte es anzweifeln, daß damit auch Marx selbst bestätigt war? Das auf sein Wesen reduzierte Ganze hat weder autonome noch überflüssige Teile, und es verpflichtet die individuelle Aktivität auf das Gemeinwohl. Die transparente Gesellschaft, der Traum jedes Intellektuellen, der etwas taugt, schließt die „Entfremdung“ aus und faßt die gesellschaftliche Existenz des Einzelnen als ganz organisch auf. Die individuelle Existenz wird nur dann rational – behaupten die Marxsche Heilslehre und ihre Realisatoren –, wenn sie zum Teil eines rationalen Ganzen werden kann, wodurch sie vom eitlen Rationalismus der Autonomie befreit wird. Es klingt zwar gewagt, aber in dieser privateigentumslosen Angestellten-Gesellschaft erinnert uns manches sogar an Klassenlosigkeit.

Könnten wir diesen mit intellektueller Gründlichkeit organisierten „eigenen Staat“ der Werktätigen nicht als praktischen Marxismus auffassen, in dem sich die technologische Führung, die ökonomische, verwalterische, kulturelle Aktivität und die gesellschaftliche Interessenvertretung zu einer einzigen gewaltigen Organisation vereinigte?

Auf diese Weise wurde der zum Eigentümer des Gesamtkapitals gewordene Staat insgesamt mit der Intelligenz, mit dem Besitzer der Gesamt-Technik und dem Gesamt-Wissen gleichgesetzt; der Organismus der intellektuellen Tätigkeiten und die Struktur des Staates vereinigten sich – wie Muskeln und Gerippe – zu einer göttlichen Untrennbarkeit. Es entstand jedoch eine unangreifbare Integration, die aus den Angestellten ein natürliches Volk, aus Chefs natürliche Repräsentanten und natürliche geistige Führer „geschnitzt“ hat.

Die rohe Herrschaft des Geldes nahm ein Ende. Eine neue Zivilisation fing an, und keiner kann es sich erlauben (nicht nur rechtlich, sondern mehr noch der geistigen Übermacht seiner Wirklichkeit wegen), über die schwer zu entwirrenden „ursprünglichen Intentionen" des Marxismus nachzugrübeln. Der historische Plan erfüllte sich.
Der Marxist jeder Couleur, der sich bemüht, den *Plan* abzuwerfen, aus der ideologischen Zwangsjacke zu schlüpfen, ist ein Produkt jener Erfüllung. Seine Anstrengungen sind kein Zeichen der Krise des Marxismus, sondern zeugen von seinem Sieg. Ein Marxist, der herausspringen will, versucht mal von der Entwicklung eine Rechenschaft über den *Plan* zu verlangen, mal den *Plan* zu verändern. Im Grunde genommen stellte sich dabei nur heraus, daß die *Entwicklung* und das *Gute* nicht verwandt sind.
Der Marxist ist kein Marxist mehr, wenn er seinen Glauben in die *Entwicklung* aufgibt. Es gibt solche, die versuchen, die Ereignisse zu beobachten, ohne selbst großartige Ideen zu entwickeln, aber solange sie in irgendeiner Art und Weise den Anspruch haben, Marxisten zu sein, solange sind sie nichts anderes als Planer in Reserve. Es ist in der Tat eher möglich, daß ein Kamel durchs Nadelöhr geht, als daß ein Intellektueller (Marxist oder nicht) kein Planer wäre.
Die Abkehr von Denkern mit Niveau vom Plan ist ein Zeichen dafür, daß er keine lebendige Kraft mehr ist; zu einer natürlichen Gesellschaft geworden, lebt der Plan hier und jetzt, er braucht nicht mehr „erfüllt" zu werden. Mit der Hoffnung auf eine spätere Demokratisierung sind in unseren Tagen auch Nicht–Marxisten Aufbauer der planenden Gesellschaft geworden, um den Preis des gesellschaftlichen Außenseitertums.
Ich glaube deswegen, der Marxismus gehört den unterschiedlichen Kommunisten, seine Bedeutung steht und fällt mit ihnen. Er hat vielleicht noch dort eine praktische Zukunft, wo der *Staat* und die *Wirtschaft* mit dem großen Händedruck in Verzug sind. (...)
Sie (die Intellektuellen, Anm. d. Übersetzers) können Euros, Linke, Alt– oder Neomarxisten sein, sie tun das-

selbe: sie sind nach Priestern, Bürgerlichen, Soldaten, "Pioniere einer integrationsfähigen Herrschaft der Expertenklüngel". Je mehr sie als radikale Befreier, also „plebejisch", „selbstverwaltend", „wissenschaftlich" oder „antiintellektuell" auftreten, umso unbewußtere Pioniere sind sie. Das „richtige" Wissen über die Gesellschaft hat das Recht und die Pflicht zur Macht, der Einzelne ist unbefugt, diese Herrschaft zurückzuweisen – diese eigenartige marxistische Überzeugung ist ihr gemeinsamer Schatz.
Trotz des unausweichlichen Verrats an der Wirklichkeit bleibt diese irreversible, um uns und in uns bestehende neue Zivilisation, diese geplante, immer wieder neu regulierte Gesellschaft in einem bestimmten Sinne immer „marxistisch". Sie gehorcht ihren verstaatlichten Produktionsmitteln, die die Gesellschaft nie wieder aus den Krallen des Rauschmittels Neuregulierung entschlüpfen lassen. Aber ihre Individuen werden nicht mehr Marxisten sein, auch die von den anderen durch nichts zu unterscheidenden bezahlten Marxismus-Spezialisten: Sie werden einfach leben, so gut es geht. Der schwache Abklatsch von einem klassischen Marxisten stirbt aus, und auch der an den Rand gedrängte oder zum Oppositionellen gewordene Marxist, der Letzte, der sich noch in freier Wahl, sozusagen als Bestätigung seiner Autonomie für die Wissenschaft der Verpflichtung entschieden hat, wird aussterben. Mit der Zeit müssen wir unsere durch den Marxismus inspirierte neue Zivilisation langsam gut finden, wenn sie statt Gefängnis ihren renegaten Mandarinen irgendeine taoistische Zurückhaltung anbietet. (...)
Gibt es in unserer Gesellschaft oder in uns ein solches Potential, welches über die Tyrannei der Planung hinausweist? Eine wissenschaftliche Erlösung eilt uns nicht mehr zur Hilfe. Es gibt keine andere Möglichkeit, eine Antwort darauf zu finden, als diejenige, daß wir selbst die Zellenwand durchbohren. Das Ende des Marxismus kann auch soviel bedeuten, daß wir einsehen: es gibt nicht länger einen guten Zustand, sondern nur gutes Verhalten. Man darf den Bock nicht zum Gärtner machen. Wenn eine Gesellschaft freier Individuen möglich ist, es ist sicher, daß

sie nur von freien Individuen verwirklicht werden kann. Die freien Individuen erkennt man aber daran, daß sie frei sind.
Ich halte es für eine zwanzigstrangige Frage, was Marx in Wirklichkeit wollte, wie weit er mißbraucht wurde usw. Er hat zwar einen Religionsersatz geschaffen, aber keinen so vollkommenen, daß er eine über den politischen Sieg hinausweisende ewige Botschaft haben könnte, die zwar mit der Zeit deformiert, aber immer wieder gereinigt wird und die jederzeit durchlebbar wäre. Seine Absolutheit hat er zu niedrig angesetzt. Eine wahre Religion ist an den Anspruch der Absolutheit ihrer Existenz gebunden; die Absolutheit bei Marx ist nur das gesellschaftliche *Ganze* in einer gesellschaftlichen Projektion. Seine Lehre muß danach beurteilt werden, wie sie angewendet wird. Diese Verfahrensweise wäre gegenüber einer richtigen Religion nicht möglich: in ihr suchen wir wirklich nach dem, was zeitlos ist.
Ich bedauere nicht, daß ich Marxist war und bedauere auch nicht, daß ich keiner mehr bin. Was das Denken im Sinne des historischen Plans betrifft, prophezeie ich mir eine ziemlich lange Pause.

Dokument Nr. 4

Zur Programmatik der frühen Samisdatbewegung. Ausführungen des Schriftstellers György Konrád im Herbst 1977

Rede auf der Biennale in Venedig im Oktober 1977. Abdruck unter dem Titel „Die langsame Revolution der Selbstbestimmung" in: L '76. Zeitschrift für Demokratie und Sozialismus, Heft 9, S. 33–44, III. Quartal 1978.

Ich bin Ungar, Osteuropäer; ich weiß, was staatliche Repression ist, und meine Erfahrungen damit haben nicht erst im Stalinismus begonnen. Ich ging auf eine jüdische Grundschule in der Kleinstadt, von hundert Schülern sind heute noch vier am Leben. Seitdem weiß ich, daß dem

Staat nicht zu trauen ist. Zu trauen ist bestenfalls ein paar Freunden. Seitdem weiß ich auch, daß mir bei der Entscheidung über Gut und Böse nur das persönliche Gewissen helfen kann, und nicht der Gehorsam gegenüber dem Staat. Aus diesem Grund bin ich Schriftsteller geworden. Die Todeslager des 20. Jahrhunderts schufen das absolute Modell des Bösen. Diejenigen, die für diese Lager verantwortlich sind, die sie verwalten und bewachen, sind nicht etwa wahnsinnige Verbrecher – sie sind nur loyale, allzu loyale Staatsbürger. Das wahre Emblem des totalitären Staates ist nicht der Henker, sondern der musterhafte Beamte, der Obrigkeit getreuer als seinem Freund. Die Staatsreligion kann einen sehr schnell anstecken, geheilt werden kann man von ihr nur sehr langsam. Ich sehe eine der Aufgaben der Literatur darin, die versteckten Mechanismen zu erklären, die zu den Lagern führten. Und diese Mechanismen wurzeln in der Kultur der Staatsautorität, die die moralische Autonomie des Staatsbürgers unterjocht und verkümmern läßt.

Die Staatskultur mag von linker oder rechter, antikapitalistischer oder antikommunistischer Rhetorik gespeist werden – in jedem Falle verlangt sie von den Bürgern ein Untertanenverhalten, das alle Verantwortung auf die Führer abwälzt und in unser Bewußtsein einen Zensor pflanzt. In uns allen lauert der Zensor dem Dichter auf, dem Dichter, der sagen muß, was er denkt. Wenn ein literarisches Erzeugnis gut ist, dann ist es unvereinbar mit jeder Art von Lüge; wenn ein Schriftsteller gut ist, dann wird er nicht fähig sein zur Lüge.

Wenn ein Schriftsteller lügt, manipuliert er seine Gedanken; wenn er die Wahrheit sagt, wird er von seinen Gedanken geführt. Die Literatur ist ein Sprung ins Ungewisse, wie die Liebe oder der Glaube. Man kann nicht halt machen vor seinen Gedanken und sagen: bis hierhin bin ich euch gefolgt, von hier an ist das nicht mehr ratsam. Der schöpferische Akt ist ein radikaler Akt. Mit jedem Werk weiten wir die Grenzen unseres Bewußtseins. Gläubig ordne ich mich dem ironischen Dämon des Bewußtseins unter, von dem Sokrates und Kierkegaard sprachen. Es versteht sich von selbst, daß die ästhetischen und ethischen Forderungen der Literatur an einen ganz bestimmten Punkt zusammenfallen; und weil das so ist, müssen alle Erwartungen unserer Vorgesetzten und der Käufer unserer Bücher bedeutungslos erscheinen. Wenn wir uns über diese Erwartungen zuviele Gedanken machen, werden wir sehr wahrscheinlich schlecht schreiben. Also geschieht es zu meinem eigenen Besten, wenn ich mich allein vom Dämon meines Werkes leiten lasse.

Die Interessen der Bürokraten liegen anderswo. Ihr Dämon ist die Autorität, ist die Starrheit der herrschenden Ideologie. Es wäre töricht, traurig darüber zu sein, daß wir verschiedene Interessen haben. Wer aus politischer Schlauheit mit dem Ammenmärchen von der Interessengemeinschaft kommt, der wird meistenfalls nicht die Behörden, sondern nur sich selbst hereinlegen. Der Schriftsteller, der die eigene Souveränität der Souveränität des Staates unterordnet, knastet sein Gehirn ein. Unser Ausdrucksmittel ist das Wort; das staatliche Ausdrucksmittel ist der mehr oder weniger verfeinerte rechtliche Zwang.

Ich verwerfe jegliche Form des Terrors, die staatliche ebenso wie die individuelle. Der offizielle Galgen ist nicht moralischer als das aus einem rasenden Auto abgefeuerte Maschinengewehr. In unserem Jahrhundert sind mehr als hundert Millionen Menschen auf Befehl von Staatsmännern umgekommen. Die Leistung der Privatmörder ist im Vergleich dazu unbedeutend. Deshalb hänge ich keiner politischen Doktrin an, die gewöhnliche Sterbliche wie dich und mich zu dem Recht ermächtigt, andere gewöhnliche Sterbliche, einen einzigen oder hundert Millionen, mit einer Unterschrift oder einem Knopfdruck ermorden zu lassen. Es gibt keine politische Doktrin, die den Staatsmännern das Monopol des gesetzlichen Tötens *nicht* vorbehalten würde. Deshalb bin ich weder Kommunist noch Liberaler.

Wenn es nach mir ginge, würde ich das Schicksal der Menschheit weder den Herren im Kreml noch den Herren im Weißen Haus anvertrauen – hier wie dort sind sie fehlbar, hier wie dort herrscht Beschränktheit. Der Staat setzt uns Väter vor, die Politik spielen, an der Menschen sterben. Die Fürsprecher der Staatskulturen haben die Aufgabe, die verschiedenen Grade der Gewalt zu rechtfertigen. Dazu müssen sie viel lügen. Ich bemühe mich, auch den Lügner zu verstehen, nur – hereinfallen will ich nicht auf ihn. Ich bin Schriftsteller, mein Beruf ist die Ironie und nicht die Ideologie. Ich versuche den Betrug zu durchschauen, aber nicht, um selber ein Betrüger zu werden. Ich habe mich nicht der einen Staatskultur entzogen, um einer anderen beizutreten. Wir, die davon leben, daß wir unterhaltsame Lügen produzieren, erfüllen unsere Aufgabe erst dann, wenn wir den ehrenwerten und gewalttätigen Lügen unseres Zeitalters weniger Glauben schenken als unsere ehrenwerten und gewalttätigen Zeitgenossen.

Ich glaube nicht, daß das Leben der Menschen besser und freier ist, wenn anstelle der Privatkapitalisten die staatliche Bürokratenintelligenz die Produktion kontrolliert. Mich beflügelt weder der Gedanke an Privateigentum noch der Gedanke an Staatseigentum. Es gibt kapitalistische Diktaturen, und es gibt sozialistische Diktaturen; ich glaube nicht, daß die eine besser ist als die andere. Ich will nicht wählen müssen zwischen Hitlerismus und Stalinismus. Auch grübele ich nicht darüber nach, ob es besser ist, wenn einer in einem Verhörzimmer gefoltert wird, das einen roten Stern an der Wand hat – oder in einem Verhörzimmer, wo ein Kreuz die Wand schmückt.

Es gibt aber kapitalistische Demokratien, deren Festigkeit nicht in der Polizei, auch nicht in der Verfassung, sondern in der Zivilcourage der Staatsbürger, in ihrer bedingten kritischen Loyalität liegt. Und die historische Chance Osteuropas ist der demokratische Sozialismus oder die sozialistische Demokratie; von Zeit zu Zeit geht dieses Gespenst um in den osteuropäischen staatssozialistischen Gesellschaften. Theoretisch sind diese beiden Formen nicht unvereinbar; es gibt keinen vernünftigen Grund dafür, daß ich das Verhältnis von Sozialismus und Demokratie als einen schicksalshaften Widerspruch betrachten soll. Wie groß der Anteil der staatlichen Entscheidungen innerhalb des Bereichs der gesellschaftlichen Gesamtent-

scheidungen sein sollte – das ist eine rein pragmatische Frage, das ist nur ein Aspekt des komplizierten Kampfes zwischen Staat und Gesellschaft.
Wenn die Verstaatlichung total ist, dann wird es immer Leute geben, die sich dagegen auflehnen, die sich unterdrückt fühlen von den Verboten des Staates, von seiner starren Ideologie, seiner maßregelnden Wachsamkeit. Jedes Individuum ist an der Ausdehnung seiner Bewegungsfreiheit interessiert, der Generaldirektor wie der Arbeiter. Der Generaldirektor wird von seiner Parteizentrale, der Arbeiter von seinem Generaldirektor unabhängig sein wollen. Wenn eine Reformperiode einsetzt, lockern sich die Abhängigkeiten, die gesellschaftlichen Gruppierungen bringen ihre Interessen kritischer zur Geltung, und die Utopie des demokratischen Sozialismus wird auf die Tagesordnung gesetzt. 1956 in Budapest und 1968 in Prag war diese Utopie keine Illusion; kurz darauf wurde sie eine, jeweils in beiden Städten. Aber wie der Kapitalismus ist der Sozialismus ein historisches Struktursystem mit vielen Variationen. Die kambodschanische Version zum Beispiel unterscheidet sich von der ungarischen. Es heißt, daß in Kambodscha in den letzten zwei Jahren mehr als hunderttausend Menschen getötet wurden; in Ungarn sitzt keiner meiner Kollegen im Gefängnis. Diesen Unterschied möchte ich nicht übersehen. Zwischen Kambodscha und Ungarn gibt es mindestens soviele Unterschiede wie zwischen Chile und Österreich. Wäre ich in Kambodscha oder in Chile, ich würde wahrscheinlich nicht mehr am Leben sein.
Der Sozialismus ist für mich ein Sammelname für all das, was im Zeichen dieses Wortes in Osteuropa geschehen ist und noch geschehen wird. Der Sozialismus ist nicht nur der Fünfjahresplan, sondern auch diejenigen, die ihn durchführen, er ist nicht nur der Geheimpolizist, sondern auch derjenige, dem er nachschnüffelt, er ist nicht nur die Staatskultur im Fernseher, sondern auch meine Mutter, die vor dem Fernseher sitzt. Natürlich gelten meine Sympathien dem Arbeiter und nicht dem Fünfjahresplan, dem Verfolgten und nicht dem Geheimpolizisten, meiner Mut-

ter und nicht dem Fernsehprogramm. In meinen Augen ist der Sozialismus ein neuartiges Konfliktsystem zwischen Führenden und Geführten; wobei der Konflikt sich im Bewußtsein jedes Einzelnen abspielt. Im dritten Viertel unseres Jahrhunderts wurden die Gesellschaften Osteuropas gründlich verstaatlicht. Meine Prognose ist, daß im vierten Viertel die Bürger auf ihre langsame und schlaue Art den Staat vergesellschaften werden.

Ich habe nichts gegen staatlich subventionierte Kindergärten und unentgeltlichen Schulunterricht und kostenlose Gesundheitsfürsorge und billige Bücher in großen Auflagen. Ich habe aber sehr viel gegen Raketen und gegen das Durchsuchen von Häusern und Wohnungen nach Manuskripten und gegen die elektronische Registrierung der Bürger. Ich habe übrigens genauso viel gegen Hausdurchsuchungen, wenn sie in Westdeutschland stattfinden. Auch dort bin ich kein Freund beleibter zorniger Politiker, die alle Schuld an den Unzulänglichkeiten der Gesellschaft den Schriftstellern in die Schuhe schieben. Und auch wenn sie vorgeben, mit ihren Freiheitsbeschränkungen die Demokratie retten zu wollen – ich traue ihnen nicht. Die Reaktionäre ersticken ihre Freidenker, indem sie gegen die Diktatur der Gegenseite wettern. Die autoritären Regimes haben eine gemeinsame Empfindlichkeit; unter jeder denkbaren Flagge verabscheuen sie die Gewissensfreiheit.

In Osteuropa ist jeder mehr oder weniger damit beschäftigt, die persönliche Freiheit auszubauen, aber jeder lebt in der Staatskultur. Der von oben dirigierte Mensch möchte weniger von oben dirigiert sein. Viele würden für eine Gruppen–Selbstverwaltung stimmen, aber die alternative Kultur, die parallele Kultur, hat sich noch nicht herausgebildet – sie existiert in informellen Gesprächen, in Büchern hingegen noch nicht. Ihr Schlüsselwort ist die Autonomie, die keine institutionelle, durch eine Bewegung oder Organisation gesicherte Basis hat. Ihre einzige zuverlässige Basis ist das Bewußtsein der Individuen, das wir als Bühne begreifen können, auf der unser autonomes Selbst sich gegen unser von oben dirigiertes Selbst aufbäumt. Dieser Konflikt spaltet heute die Gesellschaft nicht so wie die Trennlinie zwischen Bourgeoisie und Proletariat vor vierzig Jahren. Die langsame Zermürbung der Monopolmacht der Staatsführer ist eine kollektive Unternehmung, an der bewußt oder unbewußt die ganze Gesellschaft teilnimmt. Die geistige Gestalt dieses stillen Kampfes ist die Parallelkultur, die sich durch alle Bereiche der Gesellschaft zieht, von der Poesie bis zur Wirtschaftstheorie, von den politischen Sitzungen bis zu den politischen Witzen, von den Stammtischgesprächen bis in die Schlafzimmer. Hier und da infiltriert sie gar die Staatskultur. Es geht also um den Wettkampf zweier Wertsysteme, und was den Kampf so spannend macht, ist die Tatsache, daß keine der beiden Seiten Streiter hat, die als »reine« Repräsentanten ihrer Position auftreten.

Vor drei Jahren wurde mir in Budapest eine große Ehre zuteil; an die hundert Mitarbeiter der politischen Polizei versuchten zu verhindern, daß eine zusammen mit einem Freund verfaßte Abhandlung das Tageslicht erblickte. Eine knappe Woche lang sahen wir beide auch nicht viel vom Tageslicht, aber diese kleine Lektion war sehr nützlich. Die komische Unverhältnismäßigkeit des polizeilichen Happenings, die unwürdige Anstrengung von so vielen, eines besseren Schicksals würdigen Menschen haben mir verständlich gemacht, daß das wirkliche Ziel der Anklage gegen meine Gedanken nicht ich bin, sondern sie selbst. Ich durchschaute für einen Augenblick ihr ganzes Elend: sie haben Angst vor dem, was sie nicht verstehen, sie verfolgen ihre eigenen geheimen Gedanken.

Wir könnten sagen: Der Beamte der politischen Polizei ist an der Erhaltung seiner Werthierarchie interessiert, während es dem Avantgarde-Dichter um die Erhaltung seiner Autonomie geht. Aber wenn wir uns die Wahrscheinlichkeit klarmachen, daß sie beide jung sind, Absolventen vielleicht derselben Universität, und in vieler Hinsicht denselben kulturellen Hintergrund haben, dann bricht diese krasse Polarisierung auseinander. Möglich, daß es dem jungen Polizisten unangenehm ist, seinen ehemaligen Kommilitonen zu verhören; andererseits kann aber auch angenommen werden, daß dem jungen Avantgarde–Dichter die Vorteile, die der Staatssozialismus den Intellektuellen sichert (die subventionierte Großauflage von Büchern zum Beispiel, oder die bequeme Stelle im Kulturapparat) nur recht und billig sind. Keinen von ihnen können wir uns romantisch in den gegenüberliegenden Schützengräben irgendeiner arrivierten und einem anderen kulturellen Kontext entliehenen Dichotomie vorstellen, noch weniger als die Verkörperung von Gut und Böse. Dieser Konflikt ist ein speziell osteuropäischer, über den die theoretischen Repräsentanten der westlichen Welt nichts Nennenswertes zu sagen haben, obwohl er auch für die westlichen Gesellschaften von Relevanz ist, weil auch dort, unterstützt von Parteien und Ideologien, die Autorität des Staates wächst. Auch Westeuropa geht auf die enteignete Gesellschaft zu, sein Bürgertum wird schwächer und die intellektuelle Technokratie immer stärker. In ihrem Streben nach finanzieller Sicherheit und staatlichen Subventionen sind die Technokraten abhängig von der Staatsgewalt. Und die konsumierenden Massen, die um ihren Lebensstandard fürchten, wälzen die Last der Entscheidungen nur zu gerne auf den Vater Staat ab.

Europa ist verwirrt, im Westen nicht weniger als im Osten. Der Reihe nach erwiesen sich die Ideologien als unzureichend, und wir ost– und westeuropäischen Intellektuellen haben gemeinsam versäumt, den Staatskapitalismus und den Staatssozialismus, und in ihnen uns selbst, die dynamischste Klasse der Geschichte, wirklich zu durchleuchten. Jede Ideologie verspricht mir die Erweiterung meiner Freiheit, wenn ich aber ihren Laden betrete, läßt sie sich ihre geringen Vorteile unverschämt teuer bezahlen: mit anderen Freiheiten nämlich. Mit dem Kommunismus muß ich den Kreml kaufen, mit dem Liberalismus die Wallstreet, mit dem Christentum den Vatikan. Mit den Idealen die institutionelle Disziplin und die Unehrlichkeit der Parteigänger. Alle sind sie geschickt, wenn sie über ihre Feinde spotten, alle sind sie plump, wenn sie sich rechtfertigen. Der Gedanke wird zum Krüppel, wenn ihn sich eine Institution zu eigen macht.

Die Welt wäre langweilig, und ich wäre ein Narr, wenn ich die Widersprüche meines Denkens dem Kampf der Supermächte unterordnen würde. Wenn ich das täte, würde ich schließlich noch so weit kommen wie die Armeepriester des Ersten Weltkrieges, die wortreich verkündeten, Gott sei auf der Seite der Ententemächte. Außerdem fällt mir die Entscheidung schwer, ob ich die kommunistische oder die liberale Wasserstoffbombe vorziehen soll.

Bis jetzt hat noch jede Revolution gegen eine militärische Übermacht gesiegt. Ich sah heimkehrende Familienväter zwischen zwei Bushaltestellen zu Revolutionären werden, ich sah Polizisten in Stunden sich ins Volk zurückverwandeln. Freiheit ist sogar für den Schwachsinnigen ein schönes Wort; die Lust darauf kann man, ebenso wie die Lust am Sex, nur zeitweise unterdrücken. Das Volk aber will den Aufstand nicht, um lediglich ein Theater für die Weltöffentlichkeit zu inszenieren und danach hunderte junger Menschen erhängt zu sehen. Solange sich nichts Besseres ergibt, bauen die vernünftigen Leute ihre Einfamilienhäuser, und nur bei den Guerillas der Schreibmaschine tut sich etwas. Die anderen lächeln sie vorsichtig an, die Mutigen schütteln ihnen sogar die Hand.

Keine Sorge, die langsame Revolution der Selbstbestimmung in Osteuropa werden wir nicht übereilen. Diese Revolution ist bereits im Gange, ohne geheime Waffendepots, Untergrundorganisationen und Straßendemonstrationen. Schau dir den unbekannten Staatsbürger an, es werden ihm Vorteile versprochen, würde er sich zur Denunziation entschließen, aber er sagt nein und lächelt, wenn ihm gedroht wird. Schau dir den unbekannten Beamten an, er sucht die Lücke zwischen den Rechtsvorschriften, um gegen das Interesse der Macht zugunsten des Klienten entscheiden zu können. Die Revolution der Autonomie beginnt damit, daß es Menschen gibt, die ihr Gewissen der Staatskultur nicht unterordnen. Wir vertreten die Wahrheit, unsere Feinde das Gegenteil davon – glaubten die alten Revolutionäre. Aus diesem pubertären Traum sind wir aufgewacht. Das Drama des Staatssozialismus und das meines Bewußtseins spiegeln sich gegenseitig wider.

Der Untertan ist hier in meinem Kopf; solange ich ihn nicht erkenne, bin ich sein Komplize. Es gibt keine gesellschaftliche Reform ohne moralisches Erwachen.

Der Autonomismus ist ein Freiheitsversuch, der sich auf unser ganzes Leben auswirkt. Wir können sogar im Gefängnis freier sein als in unserer Situation. Der Determinismus kann nicht erklären, warum so viele unter Druck trotzdem handeln, wie sie es für richtig halten. Die Autonomie hat keine Theorie, Partei, geheime Organisation, keiner kann sie vertreten, und man kann sich ihr nicht anschließen. Sie will nicht die Macht, lediglich die moralische Gegenmacht der Staatsbürger. Sie hat so viele Formen wie es Menschen gibt: Wir alle sind Personifikationen des ewigen Kampfes zwischen Freiheit und Angst. Der Autonomismus ist keine Freiheit, sondern die Utopie der permanenten Selbstbefreiung. Aus meiner speziellen Situation, aus einer einzigen Erfahrung kann ich nicht ableiten, wie ich mich entscheiden soll. Erst wenn wir von allen Seiten abgelehnt werden, atmen wir auf. In Osteuropa kann derjenige, der sich entschließt, nicht zu lügen, zum moralischen Guerillakämpfer werden. Aber das ist sehr schwer, wir müssen uns selbst bis zu den Wurzeln unseres Seins neu überdenken. Nach und nach lernen wir die Gegenseite unserer Angst kennen. Wir haben aber ein Geheimnis: Uns interessiert unsere Wahrheit mehr als unser Wohlbehagen.

Wir sollten nicht siegen wollen. Wir sollten uns einschränken, damit wir keine Macht ausüben über andere. Verhandeln ist besser als kämpfen; zu einem guten Handel braucht man mehr Verstand als zum Siegen oder zum Aufgeben. Die Polizei ist aus der Gesellschaft nicht zu entfernen, aber der Polizeistaat ist vermeidbar. Macht zu stabilisieren ist einfacher, als sie abzubauen. Die schwache Gesellschaft, angefangen bei uns selbst, gegenüber dem mächtigen Staat zu stärken, ist eine langwierige Arbeit. Die Arbeit an der Autonomie lockt aus dem Diener des Staates den neugierigen Menschen hervor; sie lockt mit etwas, das noch nicht existiert und integriert den stillen Gegendruck ihrer Wahrheit in ihre Umgebung. Die Lüge ist immer zeitgemäß, sie findet sich in zehntausend superschlauen und totgeborenen Wälzern. Die Wahrheit ist nie zeitgemäß: Kritik und Verständnis in einem Satz. Ein unablässig durch alle Zeitalter laufender Monolog formulierte das Gesetz, und brach alle Gesetze. Jedem gegenüber kann man Gewalt anwenden, aber die Gewalt kann das Zentrum des Bewußtseins nicht erreichen; dazu ist sie viel zu primitiv. Genauso wie Feuer einen Baum zerstört und dabei doch gar nichts über den Baum lernt.

Ich betrachte mich als einen autonomen Schriftsteller. Sich um geistige Unabhängigkeit zu bemühen, in unserer Welt, in der sowohl die Staatskultur als auch Marketing und Moden den Autor zum Urfeind aller Literatur, zum Gemeinplatz treiben – das verlangt die Anstrengung eines ganzen Lebens. In allem, was ich schreibe, formuliere ich die tastend suchende Antwort auf die Frage, die ich mir jeden Tag stelle: Bin ich tatsächlich unabhängig? Wenn meine Leser auch nach meinem Tod in meine Bücher hineinschauen, werden sie entscheiden, ob ich etwas geschrieben habe, das nur von mir hätte geschrieben werden können, ob ich durch die Gerichtstür gegangen bin, von der Kafka schrieb, die zwar von einem plumpen Torhüter bewacht wird, durch die jedoch nur ich gehen kann. Wenn es ein lebenslanger Versuch ist, autonomer Schriftsteller zu sein, ist das Prädikat »Dissident« nur ein Titel, ein vorübergehender Dienstgrad, eine Stufe in meiner Lebensgeschichte. Es braucht nur eine kleine polizeiliche Belästigung, damit die westliche Presse mir diesen Titel verleiht. Um als »Dissident« eingeordnet zu werden, muß ich nicht gute Literatur machen, es reicht schon ein Skandal um mich herum. Je strenger die kulturelle Kontrolle meines Landes, desto leichter werde ich zum Dissidenten. Es genügt schon, die welterschütternde Meinung zu äußern, ich zöge die Pressefreiheit der Zensur vor, und gleich bin ich Anwärter auf den Titel: Dissident. Auch wenn ich genau das Gegenteil von dem schreibe, was der nicht gerade geistreiche offizielle Leitartikel behauptet – ein Dissident mag ich schon sein, ein guter Schriftsteller jedoch nicht unbedingt.

Ich mag den Begriff »Dissidentenliteratur« nicht, ich mag ihn nicht wegen seiner veralteten politisch-moralisierenden Bedeutung. Ein Buch ist in dieser Optik nicht deshalb so gut, weil es wirklich gut ist, sondern hängt davon ab, ob es im Lande des Verfassers veröffentlicht wurde oder nicht, ob der Verfasser im Gefängnis war oder nicht. Wenn es veröffentlicht wurde, gilt es vielleicht nicht mehr als »Dissidentenliteratur«, ist es nicht mehr ganz so gut. Als Chruschtschow die Veröffentlichung von »Ein Tag im Leben des Iwan Denissowitsch« und »Matrjonas Hof« genehmigte, war Solschenizyn noch kein Dissident, aber als er »Krebsstation« und »Den ersten Kreis« als Antwort auf Moskaus Ablehnung im Westen erscheinen ließ, wurde er auf einmal zum Dissidenten. Solschenizyn war in allen diesen Werken derselbe Schriftsteller, nur die Kulturpolitik um ihn herum wurde strenger. Alle Bücher Pasternaks erscheinen heute in der Sowjetunion, bis auf den »Doktor Schiwago«; kann man demnach von einem offiziellen Pasternak oder von einem Dissidenten Pasternak sprechen? Die Filmemacher in der Tschechoslowakei haben in den sechziger Jahren die Neue Welle mit staatlicher Unterstützung hervorgebracht, und dieselben Filme, die heute nicht mehr gezeigt werden dürfen, wurden damals auch zu Hause bejubelt. Tatsache ist, daß nicht die Künstler zu Dissidenten wurden, sondern daß der Staat seine Beurteilungskriterien verschärfte; der Staat hielt auf einmal für staatsfeindlich, was früher genehmigt worden war. Falls die tschechische Kulturpolitik liberaler werden sollte, würden dieselben Werke wahrscheinlich wieder das Publikum erreichen. In der Sowjetunion dürfen abstrakte Maler ihre Werke nicht ausstellen; in Polen, Jugoslawien und in Ungarn hingegen finden sie Platz auch in den Museen. Das bedeutet nicht unbedingt, daß die abstrakte Malerei in der Sowjetunion oppositioneller wäre, sondern nur, daß die Kulturpolitik dort beschränkter ist. Die Verbote und die Genehmigungen verändern die Autonomie um kein Jota. Sie spiegeln nicht den Geist der Werke wider, sondern nur das Hin und Her im Ringen zwischen politischer Führung und Gesellschaft.

Kunst wird produziert und, je nachdem, wer aus dem letzten Machtkampf als Sieger hervorgeht, veröffentlicht oder nicht. Durch die politischen Klimawechsel kann ein Künstler akzeptiert oder zum Dissidenten werden, diese Klimawechsel können in seiner Biographie eine bedeutende Rolle spielen, über seine Werke jedoch sagen sie wenig aus. Sowenig wie es für mich Dissidentenmusik oder Dissidentenschach gibt, sowenig gibt es für mich Dissidentenliteratur. Ich glaube nicht, daß neben dem Wort »Literatur« das Wort »Dissident« relevant ist. Und über die Literatur hinaus: Ich bemühe mich, eine kritische Distanz zur *Kultur* des Staatssozialismus zu gewinnen, aber ein Exorzist bin ich dabei noch lange nicht. Was die Gesellschaft betrifft: Ich bin solidarisch und möchte es auch bleiben, mit den Menschen, die in Ungarn oder in Osteuropa leben; ihnen gegenüber will ich kein Dissident werden. Ich habe auch kein richterliches Podest, von dem aus ich die Guten von den Bösen unterscheiden könnte. Wenn Dissident zu sein etwas Erhabenes bedeuten soll und die anderen in die ideologische Hölle kommen, dann würde ich mich mit leisen Schritten den letzteren anschließen. Aber wenn es gegen die donnert, die sich – mit oder ohne Grund – Dissidenten nennen, dann bin ich wieder auf ihrer Seite. Auf jeden Fall hege ich Mißtrauen gegenüber den Richtern.

Es ist wahr, daß das Schicksal wirklicher Kunst immer unsicher ist. Je bedeutender irgendein Werk, um so größer die Wahrscheinlichkeit, daß der Verfasser totgeschwiegen, verdächtigt oder gar schikaniert wird. Wie überall auf der Welt, so kann auch bei uns keine gute Kunst entstehen ohne moralisches Durchhaltevermögen. Wenn aber diese ethische Tapferkeit nicht radikal genug ist, um universal zu werden, um ihre Kritik nicht nur auf den Staatssozialismus zu begrenzen, sondern zur Kritik unserer ganzen Zivilisation zu erweitern, wenn sie sich nicht zur ironischen Kritik unserer menschlichen Gattung entwickelt, dann sagt sie nicht viel mehr aus als ideologische Journalistik. Die ideologische Literaturkritik hat schon in Osteuropa so viel Begriffsverwirrung und Wertzerstörung verursacht, daß ich ihr Auferstehen im Westen unter umgekehrten Vorzeichen mit Argwohn beobachte.

Der Kunst, ideologische Standpunkte aufzuzwingen, das ist kein ausschließliches Privileg der kommunistischen Parteipresse. Auch die westlich-liberale Kritik zeigt ein nicht unerhebliches Maß an konformistischer und moralisierender Dummheit, wenn es darum geht, osteuropäische Werke je nach dem Bedarf außenpolitischer Kampagnen hochzuloben oder totzuschweigen. Die politisch motivierte Glorifikation führt zum raschen Erfolg und dann zum raschen Sturz des Autors. Es kann passieren, daß der überschätzte Künstler, der in Wahrheit nur mittelmäßig ist, seine innere Emigration mit der realen vertauscht – wonach ein grausamer Rückstufungsprozeß nur zu bald einsetzt. Es ist nicht mehr notwendig, ihn zu preisen und hinter vorgehaltener Hand hinzuzufügen, er sei zwar kein guter Schriftsteller, aber doch ein ehrlicher Mensch.
Was ich für die osteuropäische Literatur beanspruche, ist nicht Kumpanei, sondern Interesse. Unsere Werke sollen nicht als moralische Pflichtlektüre betrachtet werden, die ihre politische Brisanz haben, als Literatur aber nicht ernst zu nehmen sind. Ich wünschte, daß der Leser im Westen sich selbst – sein imaginär erweitertes Leben – in unseren Werken erkennt, wie sich auch unsere Leser durch gute westliche Kunst selbst wiederfinden.
Die Unterscheidung zwischen Dissidentenliteratur und offizieller Literatur erfordert viel zu viele umständliche und auch befangene Erklärungen. Viel einfacher ist es zu sagen: gute Literatur und schlechte Literatur. Die öffentliche Meinung unserer Länder – wenn auch nicht die durch die Presse vermittelte – ist durchaus imstande, diese zwei voneinander zu unterscheiden und wird sich eines Buchs nicht schämen, auch wenn es in des Autors eigenem Land erschienen ist. Die lügenhaften Werke verschwinden in der Versenkung, und die der Wahrheit verpflichteten bleiben aufbewahrt im Gedächtnis kollektiver Identifikation.
Gewiß kann das Wort »Dissident« eine wahrhaft allgemeine Bedeutung erlangen. In diesem Sinne der Bedeutung sind die Begründer unserer Kultur – Moses und Christus, Lao Tse, Buddha und Sokrates – ebenso Dissidenten

wie alle großen Figuren der Philosophie und der Literatur; keinen von ihnen schätzten die weltlichen Mächte, ihre Anwesenheit wurde als unangenehm empfunden, und sie wurden nicht selten verbannt, vertrieben oder zum Hungern verurteilt. Die bedeutendsten Romanschreiber unseres Jahrhunderts – Kafka, Musil, Joyce, Proust, Thomas Mann – sind in diesem Sinne Dissidenten. Man kann den Begriff »Dissident« weit fassen, aber warum eigentlich? Er wird nur die alte Weisheit bestätigen, daß große Kunst nie konformistisch ist.

Literatur ist Meditation; Journalismus ist Betriebsamkeit, Durchführung. Man kann, den Erfordernissen des Tages entsprechend, für oder gegen jemand schreiben, Literatur ist das nicht. Der Geheimpolizist mag dem Schriftsteller feindlich gegenüberstehen, der Schriftsteller aber, egal wie sehr er den Beruf des Geheimpolizisten verachtet, betrachtet ihn nicht als seinen Feind. Er möchte ihn herausfordern und verführen, damit er mit seinem eigenen Kopf denkt, mit seiner eigenen Menschlichkeit fühlt. Die Literatur ist von jedem Menschen losgelöst und ist jedem Menschen gleichzeitig nahe. Sie steht der ganzen Welt als Dissident gegenüber und erklärt sich solidarisch mit der hilflosesten kleinen Straßenkatze.

Es gibt keinen Mittelweg. Je mehr ein Schriftsteller sich für oder gegen einen Staat, eine Partei oder gesellschaftliche Gruppe verpflichtet, desto wahrscheinlicher ist es, daß sein Schreiben von Melodramatik und Demagogie überschwemmt wird. Der Schriftsteller, der ein militantes Waffenbündnis schließt, ist ein Masochist: er martert sein eigenes Talent.

Gegenüber dem meist willkürlichen und bornierten Abstrakt-Menschlichen schützt die Literatur stets das Konkret-Menschliche. Insofern ist sie Gemeingut; es ist gleich, ob man mit ihr einverstanden ist oder nicht – man kann sie nur erfahren oder nicht erfahren, lieben oder hassen, und sie kann sogar noch jene in ihren Bann ziehen, die ganz und gar nicht einverstanden sind mit dem Autor und seinen Ideen. Ein guter Schriftsteller ist eine Ein-Mann-Partei oder eine Ein-Mann-Kirche, der niemand beitreten

kann. Literarische Strömungen dienen meist nur Propagandazwecken, sie verschwinden schnell, und was übrig bleibt, sind ein paar wenige individuelle Werke.
Wenn wir nicht unsere eigene individuelle Ansicht von der Welt haben und wenn wir diese individuelle Ansicht nicht zu Bildern verdichten können, dann haben wir gar nichts. Und weder der Marxismus noch der Anti–Marxismus kann uns da weiterhelfen. Und selbst wenn wir diese eigene Ansicht der Dinge haben, wird sie jeder einzelne von unseren Lesern zwangsläufig mißverstehen und neu interpretieren. Gott sei Dank, daß es so ist, denn vielleicht ist es genau das, was unser Werk am Leben hält.

Aus dem Ungarischen von Veroníka Valkó

Dokument Nr. 5

Stellungnahmen von führenden Vertretern der Kritischen Budapester Soziologenschule im November 1979 zur wirtschaftlichen Entwicklung und zur Rolle der Opposition in Ungarn

I.

Gespräch des Wiener Journalisten Karl Pfeifer in Budapest mit András Hegedüs, Tamás Földvári und Zoltán Zsille. Abdruck in: Wiener Tagebuch, Jänner 1980, S. 17 ff.

Welche Fortschritte, welche Mißerfolge brachte die jetzt zwölf Jahre alte Wirtschaftsreform? Wie sieht man das heute aus der historischen Perspektive?

ANDRÁS HEGEDÜS: Man müßte eigentlich bis zur Mitte der sechziger Jahre zurückgehen, als in ganz Osteuropa, hauptsächlich unter dem Einfluß neoliberaler Volkswirtschafter, die auch in der Machtstruktur eine bedeutende Rolle spielten, verschiedene Reformbewegungen gestartet wurden. Das Hauptmotiv war ursprünglich die Wiederherstellung der Marktverhältnisse. In Ungarn wurde der Beschluß zur Einführung der Wirtschaftsreform 1967 gefaßt. Die Reformperiode währte nicht lange, ohne Störungen nur bis 1970, als innerhalb der Partei die Kritik einsetzte und sich ein reformfeindlicher Flügel bildete. Im November 1972 siegten die Gegner der Reform im Zentralkomitee. Zu den ersten reformfeindlichen Maßnahmen gehörte der Angriff auf die Zweige der privaten Nebenwirtschaft, die Macht der Fachministerien wuchs, gleichzeitig wurde die Selbständigkeit der Betriebsleitungen eingeschränkt. Eine neue Periode begann um die Jahre 1974/75, als man erkannte, daß die Maßnahmen gegen die private Nebenwirtschaft katastrophale Folgen hatten; man begann diese Wirtschaftszweige wieder zu unterstützen. Wegen der Ölpreiserhöhung und unserer ungünstigen Handelsbilanz mit dem Westen mußte man die Preise den Weltmarktpreisen annähern: Zum Unterschied von 1968–1970 werden die Weltmarktpreise vor allem von zentralen bürokratischen Institutionen an die Betriebe weitergegeben. Das geschieht nicht so starr, als ob die Marktverhältnisse direkt bestimmen würden. Dadurch erhalten Sonderinteressen breiteren Raum.

Was glaubst du, Tamás, hat die Reform irgendeinen Fortschritt gebracht?

TAMÁS FÖLDVÁRI: Ja, unbedingt, aber rückblickend muß man sagen, die Reform war halbherzig und wurde von allem Anfang an halbherzig begonnen. Ich denke, daß schon damals vielen führenden Funktionären klar war, daß eine Wirtschaftsreform, bei der man die politischen Institutionen völlig unberührt läßt, eine unmögliche Sache ist. Eine politische Reform war aber mit einem Tabu belegt, besonders nach den Ereignissen in der CSSR 1968. Damals hat man nachdrücklichst betont, daß die Wirtschaftsreform nicht das geringste mit Politik zu tun hat.

Zugleich gab es aber eine ideologische Entwicklung. Es wurde anerkannt, daß die Partei das gesamtgesellschaftliche Interesse nicht immer erkennen und definieren kann, sondern daß dieses im Kampf zwischen Teilinteressen bestimmt wird, und diese Teilinteressen wurden nun legitim. Aber zumindest von den »offiziellen« Ideologen hat

das keiner zu Ende gedacht: Wenn man Teilinteressen anerkennt, müßten sich diese auch organisieren können; daher ist auch eine politische Vertretung dieser Teilinteressen die Voraussetzung dafür, daß ein solcher Mechanismus funktionieren kann.
Man schuf also ein wirtschaftliches Modell, schwieg aber über dessen politische Implikationen. Man schwieg deshalb, weil das die internationale politische Lage erzwang. Man sah, daß dort, wo man sogar eine bescheidenere Wirtschaftsreform durchführte, gleichzeitig aber auch die politischen Institutionen änderte – wie 1968 in der CSSR –, weitreichende Konsequenzen unvermeidlich waren. Genaugenommen war schon 1968 sichtbar, daß unsere Reform wegen ihrer Halbherzigkeit zum Scheitern verurteilt ist, aber damals dachten wir nicht, daß das so schnell erfolgen würde. Eine der Hauptursachen für das Scheitern war meiner Meinung nach, daß die überdimensionierten Betriebe der Schwerindustrie Auflösungserscheinungen zeigten, weil die Arbeitskräfte abwanderten, wodurch sich chaotische Verhältnisse ergaben. Diese Betriebe konnten die Produktionspläne bei weitem nicht erfüllen.
Seit 1969 hat sich der allgemeine Lebensstandard jährlich um drei bis vier Prozent gehoben. Wenn du, Zoltán, das in Betracht ziehst, wie siehst du dann die Ergebnisse der Reform?
ZOLTÁN ZSILLE: Wenn ich von den Hauptzielen ausgehe, so ist die Reform im Grunde genommen von Anfang an, also von 1968, gescheitert. Ich glaube, daß die Väter der Reform – wenigstens ein Teil von ihnen – aufrichtig an den Erfolg eines, wenn auch beschnittenen Reformprogramms geglaubt haben, sie nahmen an, daß sich im wirtschaftlichen Leben die Rationalität besser durchsetzen wird. Aber heute kann ich davon im Plan nichts finden, der von der Dominanz der nach ihrem Produktionsziel und ihrem organisatorischen Aufbau her im Grunde militarisierten Großbetrieben ausgeht, die einen großen Teil des Nationalvermögens und der vorhandenen Arbeitskraft verschwenden und die sich im wirtschaftlichen Bereich parasitär ausbreiten.

Wenn man Betriebe von der Größe einer Industriedirektion schafft, so kann man ruhig die Industriedirektionen abschaffen und den Betrieben Selbständigkeit gewähren. Man hat die früher in der staatlichen Administration oder Wirtschaftsleitung Beschäftigten als Wirtschaftsfachleute und Betriebsleiter in die Betriebe geschickt. Wie früher als Beamte, betreiben sie weiterhin eine bürokratische Wirtschaftspolitik. Während man in den Ministerien und im Wirtschaftsapparat der Partei Leute abbaute, spielen dieselben Menschen in der neuen Wirtschaftspolitik eine Hauptrolle. Ihre Erfahrungen haben sie als Beamte gesammelt und haben die Reform, durch die sie von ihren Leitungsposten entfernt wurden, als Niederlage erlebt. Natürlich geben sie das meist nicht zu.
ANDRÁS HEGEDÜS: Damit bin ich nicht ganz einverstanden. Als im November 1972 die Gegner der Reform siegten, konnten sie zweierlei nicht erreichen: erstens, daß die Reform-Volkswirtschafter »gesäubert« wurden, obwohl man sie manchmal an andere Posten gesetzt hat, wo sie auch wirken und rationalen Gedanken zum Durchbruch verhelfen können, zweitens konnten sie auch den Geist der Reform nicht völlig zum Verschwinden bringen.
ZOLTÁN ZSILLE: Dem würde ich widersprechen.
TAMÁS FÖLDVÁRI: Außerdem wäre es schwer gewesen, zuzugeben, daß die Reform gescheitert ist. Man spielte die »alte Melodie« weiter.
ANDRÁS HEGEDÜS: Nein, man spielte sie nicht weiter. Von Anfang 1973 bis Ende 1975 hat man offiziell nicht von der Reform gesprochen. Aber du hast insofern recht, daß man sie auch nicht kritisierte. Man vergaß einfach, daß man 1968 mit der Reform begonnen hat. Hingegen wird seit 1976 wieder von der Wirtschaftsreform gesprochen, und das erscheint mir sehr wichtig.
Die politische Machtstruktur und auch die Personen haben sich nicht wesentlich geändert. Es gab Verschiebungen zwischen einzelnen Gruppen, aber hat sich etwas an der Gesamtstrategie geändert?
ANDRÁS HEGEDÜS: Verschiedene Schichten wurden in verschiedenem Maße von den Veränderungen betroffen.

Zwischen 1968 und 1970, der wirklichen Reformperiode, hat sich die Lage in den dynamischeren Betrieben für die Beschäftigten spürbar gebessert, die jungen Arbeiter verließen in Massen die schwerfälligeren Betriebe, und viele der großen Fabriken begannen zurückzubleiben und zu veralten. Als die Regierung die Zweige der privaten Nebenwirtschaft unterstützte, änderte sich die Lage von 80 bis 90 Prozent der Dorfbevölkerung. Ich spreche nicht von Veränderungen in der Machtstruktur, sondern von solchen Veränderungen, von denen die Bevölkerung tatsächlich berührt ist. Nach dem November 1972 hat man die Löhne der Arbeiter von einem Tag auf den anderen merklich angehoben, wofür es damals keine Deckung gab. Die Auswirkungen bekommen wir jetzt zu spüren. Diese Belastungen, die Ölpreiserhöhung und andere Faktoren haben zu einem Ansteigen der Staatsschulden geführt, was jetzt von der Regierung ausgeglichen werden muß.

ZOLTÁN ZSILLE: Die Lohnerhöhungen waren ein Erfolg der wirtschaftlichen Kämpfe der Arbeiter. Ihre wichtigste Methode war das Abwandern zu Betrieben mit besseren Bedingungen, im allgemeinen genossenschaftliche Nebenbetriebe, das ist die »Höhle des Lasters«. Wurden diese Nebenbetriebe geschlossen – weil sie von der Staatsverwaltung bekämpft wurden oder weil sie unrentabel wirtschafteten –, dann wanderten die Arbeiter wieder auf ihren ursprünglichen Arbeitsplatz zurück, allerdings mit einem höheren Lohn, den sie früher vergeblich gefordert hatten.

TAMÁS FÖLDVÁRI: Als die Reform vorbereitet wurde, von 1965 bis 1968, als sich viele mit einer Analyse des Wirtschaftsmechanismus befaßten und Mängel des zentralen Planungs- und Lenkungssystems aufzeigten und als dessen Problematik ins allgemeine Bewußtsein eindrang, schließlich auch zur Zeit der Einführung der Reform, als breite Schichten, die sonst politisch gleichgültig sind, in Bewegung gerieten, da gelang es, ein gewisses Interesse für das neue System und einen gewissen Optimismus in breiten Schichten zu wecken – und das war sicherlich positiv. Die Reform hat die Funktionsfähigkeit des Systems erhöht, wodurch für einige Zeit eine relativ ruhige und ausgeglichene politische Atmosphäre geschaffen wurde. Der Nachteil war allerdings, daß längst fällige Veränderungen auf die lange Bank geschoben wurden. Man hat es so dargestellt, als ob es sich bei allem um wirtschaftliche Fragen handeln würde.

In Ungarn hat man zwischen 1967 und 1975, und bis zu einem gewissen Grade bis heute, nur von der Wirtschaft gesprochen. Unsere Zeitungen beschäftigen sich im wesentlichen nur mit der Wirtschaft. In zehn Jahren ist es gelungen, eine öffentliche Meinung zu prägen, die vor allem in wirtschaftlichen Kategorien denkt. Es gibt ein stillschweigendes Übereinkommen, daß Politik ein Tabu ist und daß es sich daher nicht lohnt, davon zu reden.

ANDRÁS HEGEDÜS: Ich würde nicht die Reform für diese Situation verantwortlich machen, ich würde sagen, daß in den osteuropäischen Ländern fast von Anfang an eine Art Wirtschaftszentrismus besteht, man hat schon immer die gesellschaftliche Bedeutung der Wirtschaftsentwicklung übertrieben. Auch dann, als es gelungen war, die primären Bedürfnisse der Bevölkerung zu befriedigen, wurde relativ wenig von der Organisation der Gesellschaft, von der Art des Lebens und vom Konsummodell gesprochen.

Liegt vielleicht die Ursache für diese Entwicklung darin, daß Osteuropa zurückgeblieben und daher nach dem Krieg gezwungen war, rasche Fortschritte zu machen? Dann kam der Kalte Krieg; legte man nicht deswegen das Gewicht auf die Schwerindustrie, was die Fehler verursachte?

ANDRÁS HEGEDÜS: Man darf nicht vergessen, daß in Teilen Osteuropas und auch im westlichen Teil des zaristischen Rußland die Industrialisierung im letzten Viertel des vorigen Jahrhunderts in großem Maße begonnen hat. Ungarn zum Beispiel verfügte zu Beginn des Zweiten Weltkrieges bereits über eine relativ entwickelte Infrastruktur. Natürlich verursachte der Krieg große Schäden. Aber es ist kaum möglich zu beurteilen, wozu unsere Gesellschaften fähig gewesen wären, wenn sie sich nicht gezwungen gesehen hätten, besonderes Gewicht auf die Rüstung zu legen. Dadurch gerieten unsere Länder dem

Westen gegenüber in eine ungünstige Lage. Wenn ich die Osteuropa-Analyse der meisten westlichen Ökonomen lese, ärgere ich mich stets, denn sie lassen außer Betracht, daß es hier in hohem Maße eine rüstungsindustrielle Wirtschaft gibt, wobei ein viel kleineres wirtschaftliches Potential im Rüstungswettbewerb mit einem viel größeren steht.

Die politische Führung in Ungarn, die stolz auf die Erfolge der Reform, die Steigerung des Lebensstandards war, hat ein großes Risiko auf sich genommen, als sie im Sommer 1979 die Preise mit einem Schlag erhöht hat. Und im Jänner sollen neue radikale Preiserhöhungen folgen. Die Führung gibt äußeren Faktoren die Schuld. Wie lange kann man einen solchen Kurs steuern, ohne daß es ernstere Reaktionen als Raunzereien am Wirtshaustisch gibt?

ZOLTÁN ZSILLE: Ich bin kein Freund des Gedankens, daß es umso besser sei, je schlechter es wird. Aber ich bemerke, daß den Leuten nach einer langen Periode der politischen Stumpfheit und Gleichgültigkeit nun langsam die Augen aufgehen, jetzt, da sich ihre Lage verschlechtert. Man kommt jetzt darauf, daß der väterliche Polizeihumor, mit dem man darüber witzelte, daß wir wenig arbeiten, aber doch ganz gut leben, nicht nur den Tagedieben gegolten hat, sondern auch den hart Arbeitenden. Während man die langsame Steigerung des Lebensstandards als Geschenk des Staates ausgab, hat die Regierung schwere Unterlassungssünden begangen und einen großen Teil der Kraft der arbeitenden Menschen auf Dinge verschwendet, die uns ärmer machen. Jetzt, nach dem offensichtlichen wirtschaftlichen Scheitern, sehen die Menschen vielleicht klarer, daß sie sich auf die eigene Kraft stützen müssen. Sie bemerken, daß in Wirklichkeit der wirtschaftliche Fortschritt nicht gesichert ist, daß die Führung nicht weiß, was sie machen soll, um der »Konzentration« der Einflüsse des Weltmarktes bei uns entgegenzuwirken. Und für den Fall einer offen ausbrechenden Unzufriedenheit kennt die Regierung kaum ein anderes Rezept als die Demonstration der Gewalt.

TAMÁS FÖLDVÁRI: Hier spricht Zoltán im Namen der Menschen, die in letzter Zeit »aufgeweckt« wurden.

Sicherlich beginnen viele Leute so zu denken wie er. Die Staatsführung nennt als Ursache für die schwere Lage äußere Faktoren und, zu einem Teil, auch unsere eigene Bequemlichkeit und Nachlässigkeit. Worin ich aber mit Zoltán nicht übereinstimme: Es gibt noch immer genug Leute, vielleicht sogar die Mehrheit, deren Unzufriedenheit auf Wirtshausraunzereien beschränkt bleibt. Daneben gibt es Schichten der Intelligenz, die schweigen, weil sie privilegiert sind. Außerdem gibt es noch Schichten, die Preiserhöhungen durch ihre Aktivitäten in der zweiten Wirtschaft (private Nebenwirtschaften, Schwarzarbeit etc.) weitgehend kompensieren können. Sie klettern mit auf der steiler werdenden inflationären Spirale. Die Unzufriedenheit ist also nicht allgemein.
Zoltán beurteilt die öffentliche Meinung realistischer als die Offiziellen. Aber man muß diese öffentliche Meinung differenziert sehen. Leider gibt es bei uns keine Institution, die imstande wäre, die öffentliche Meinung genau zu erforschen, wir müssen uns auf persönliche Eindrücke verlassen.
ANDRÁS HEGEDÜS: Ich muß sagen, daß die Preiserhöhungen im Sommer eine zwingende Notwendigkeit waren, es wäre besser gewesen, wenn man sie ein Jahr früher vorgenommen hätte, es ist aber ein großer Vorteil, daß man sie nicht ein Jahr später durchgeführt hat. Von diesem Gesichtspunkt her müssen wir anerkennen, daß die ungarische Wirtschaftsführung mutiger vorgegangen ist als zum Beispiel die polnische. Ich bin einverstanden damit, daß man die Ursachen für die Verschlechterung der wirtschaftlichen Lage offener aufdecken müßte. In der Presse beruft man sich vielfach auf die fehlende Arbeitsdisziplin, ich aber sehe als wichtigstes Problem, daß sich im Wirtschaftsleben bürokratische Gebilde entwickelt haben, welche sich jeder Kontrolle, auch durch die Partei, entziehen. Diese bürokratischen Gebilde fressen einen großen Teil unserer Investitionen auf. Die Bevölkerung, ja selbst die Regierung weiß nicht, wie groß die Verschwendung ist. Ich halte es auch heute noch für ein Verdienst der ungarischen Wirtschaftspolitik, daß sie mit den Preiserhöhungen

nicht auch Einschränkungen bei der Produktion und der Einfuhr von Konsumgütern veranlaßte. Daß die Bevölkerung die Preiserhöhungen so ruhig zur Kenntnis nahm, erkläre ich mir nicht zuletzt damit, daß es bei uns keinen solchen Warenmangel gibt wie in den anderen Oststaaten. Niemand, der Verantwortung gegenüber unserer Gesellschaft fühlt, kann das Ziel haben, daß es wegen der Preiserhöhungen zu Unruhen kommt. Wir können uns vernünftigerweise nur darauf orientieren, daß möglichst viele, die autonom denken und handeln können, Intellektuelle, Arbeiterorganisationen und die Arbeiter selbst, die Wirtschaftsführung dazu veranlassen, selbst die Ursachen zu analysieren, die zu den gegenwärtigen Schwierigkeiten geführt haben. Ich stimme übrigens mit jenen Ökonomen überein, die sagen, man müsse bewußt für längere Zeit ein »Nullwachstum« planen.

Solche Auffassungen werden auch im Westen vertreten. Du, András, siehst dieses System, diese Führung offenbar als reformfähig an. Glaubst Du, daß sie eine gewisse Autonomie und echte Interessenvertretung gestatten kann?

ANDRÁS HEGEDÜS: Es gibt ernste Kräfte in der Führung und in der Wirtschaftsbürokratie, die eine rationale Wirtschaftsreform anstreben. Eine andere Sache ist, ob die politische Führung das Entstehen und die Existenz autonomer Bewegungen, ohne welche bedeutendere gesellschaftliche Reformen nicht denkbar sind, tolerieren wird.

II.

Gespräch von Peter Koroly (d.i. Karl Pfeifer) mit den oppositionellen Intellektuellen András Hegedüs, Tamás Földvári und Zoltán Zsille. Abdruck in: Neues Forum (Wien), Jänner–Februar 1980, S. 38 ff.

András, du hast den Vorschlag gemacht, zwecks Ausbau der Wirtschaftsreform in Ungarn autonome Interessenvertretungen – auch der Arbeiter – zuzulassen. Die gab es hier während der letzten 22 Jahre nicht. Wie soll das gehen?

HEGEDÜS: Ich hoffe nicht nur, sondern ich vertraue darauf, daß die Führung dies tolerieren wird. Man weiß, daß ohne Entwicklung solcher autonomen Organisationen die Gesellschaft statisch wird und daß dies einen negativen Einfluß auf die Wirtschaft hat. Eine authentische sozialistische Demokratie ist gegenüber der bürgerlichen Demokratie eine geschichtliche Notwendigkeit. Die autonomen Bewegungen müssen sich in einem gewissen Sinn selbst beschränken, sie müssen auf die traditionellen Ziele der Politik, auf das Erringen der Macht, ja sogar auf die Infragestellung der Macht verzichten. Sie müssen ihre Tätigkeit darauf beschränken, die Kontrolle über die verschiedenen Institutionen der Machtstruktur auszuüben. Man muß meiner Meinung nach auf die Organisation einer eigenen politischen Partei, selbst als Fernziel, verzichten.
Die Perspektive einer solchen demokratischen Entwicklung ist, daß die Machtstruktur ernstere Krisen vermeiden kann. Die Modernisierung und Entwicklung der Strukturen soll nicht bloß durch Initiative von oben geschehen, wie ich selbst noch in den sechziger Jahren meinte. Es entsteht eine öffentliche Meinung, die hilft, die Machtstruktur zu modernisieren und eine stufenweise Auflösung bürokratischer Gebilde herbeizuführen, welche heute das wirtschaftliche und politische Leben lahmlegen.
ZSILLE: Es gibt Unterschiede zwischen uns bei der Kritik des Systems. András als Kritiker „von innen" glaubt, daß die Führung Werten folgt, die mit seinen identisch sind, sozialistischen Werten. Er sieht es so: Die typischen Vertreter des Systems, ihre Führer, sind im Grunde genommen dem demokratischen Fortschritt und der wirtschaftlichen Prosperität verpflichtet und haben ein Interesse, daß sich die Gesellschaft in Ungarn weiterentwickelt. Ich sehe es so: Die stärksten Interessengruppen, die sich auch auf die in der Wirtschaft entstandenen riesigen bürokratischen Gebilde stützen, sind daran interessiert, daß hier eine gewisse Kontinuität bleibt, daß wir uns fortwährend entwickeln, wer weiß wohin und wie schnell, und daß trotzdem die Gesellschaft bewegungslos bleibt, weil diese Statik die Stabilität ihrer Macht bedeutet.

Die Kritik von András ist deswegen eine interne Kritik, weil sie eine Wertidentität voraussetzt; es gibt aber Differenzen zwischen András und dem offiziellen Standpunkt darüber, wie und in welchem institutionellen Rahmen man diese Werte realisieren soll. Wenn wir diese demokratischen und humanistischen Werte sozialistisch nennen, so ergeht es uns wie Rotkäppchen im Märchen: Der Wolf machte sich mit Mehl seine Pfote weiß, fraß Kreide, damit wurde seine Stimme wie die der Großmutter. Er erschien als Großmutter, blieb aber ein Wolf. Jetzt können wir vereinbaren, daß wir – wenigstens bis die Großmütter wieder kommen – den Wolf „real existierende Großmutter" nennen. Aber ich glaube nicht, daß die Wölfe tatsächlich Großmütter werden.

FÖLDVÁRI: Wir haben es mit einer ganz erstarrten und bewegungslosen politischen Struktur zu tun, wo die Grundinstitutionen unantastbar sind. Man versucht, das Wahlsystem durch die Aufstellung mehrerer Kandidaten zu reformieren, dann nimmt man dieses Zugeständnis wieder zurück ... Diese Starrheit kann am Ende in allen Staaten Osteuropas, die über demokratische Traditionen verfügen, zu gewaltsamen Explosionen führen. So war es in der Vergangenheit, und auch in der Zukunft muß man damit rechnen. In dem Maße, wie sich die wirtschaftliche Lage verschlechtert, wie die politische Spannung wächst, eventuell eine neue Phase des kalten Krieges kommt, was auch Europa einen Frost brächte, wird es in diesen Ländern gewaltsame Explosionen geben. Nur eine gescheite Führung kann das verhindern. Mich interessiert nicht die Frage, ob diese Führer Großmütter oder Wölfe sind – wenn sie gescheit sind, dann sehen sie diese Gefahr und tun alles, damit die politische Struktur in Bewegung gerät.

Ich glaube nicht, daß sich die oppositionellen Kräfte in dem Sinne beschränken müssen, wie András es sagt. Ich glaube, daß auch ohne wesentliche Änderung der Hauptmacht, ohne Änderung der Stellung dieser Länder im Machtblock und ohne Sturz des Status quo die Einführung eines gewissen realen Pluralismus möglich ist. Das Wirken

einer realen, legalen Opposition bei uns ist unabhängig davon, ob sich ähnliche Tendenzen z.B. in der Sowjetunion durchsetzen oder nicht. Diese Spannkräfte sind eine Vorankündigung jenes gewissen explosionsartigen und natürlich immer zum Scheitern verurteilten Ereignisses, mit dem man rechnen muß. Hier in Ostmitteleuropa tauchen Kräfte auf, die gewisse Dinge ankündigen. Das schlechteste wäre, wenn man einfach die Repression steigerte. „Sie" müssen versuchen, sich mit diesen Kräften zu verständigen, die Möglichkeit geben, daß eine Einigung zustande kommt derart, daß sich – unter Beibehaltung des internationalen Status quo – diese Kräfte politisch organisieren, wobei es ganz nebensächlich ist, ob in Parteien oder in anderen oppositionellen Formen.
Auf alle Fälle ist es eine grundlegende Bedingung jeder politischen Reform in diesen Ländern, daß die kommunistischen Parteien, welche die Führung monopolisieren, auf ihre traditionelle Attitüde verzichten, daß sie selbst ihre eigene Opposition darstellen. Sie müssen einsehen, daß es eine Opposition außerhalb der Partei gibt, sie dürfen diese Opposition nicht als Feinde betrachten, sondern sollen sie akzeptieren und ihr Gelegenheit geben, sich in irgendeiner Form zu legitimieren. Tut man das nicht, so bringt man damit die gewisse gewaltsame Explosion näher.
Wie seht ihr jetzt eure Rolle als autonome Intellektuelle nach der Unterschriftenaktion? Glaubt ihr, wird die Führung ihre jetzige Linie beibehalten, weniger mit Repression als mit dem Entziehen von Privilegien vorzugehen, allenfalls mit der üblichen Taktik bürgerlicher Macht gegenüber radikaler Opposition, also mit „Berufsverbot" und ähnlichem?*
HEGEDÜS: Natürlich kann jeder von uns nur in seinem eigenen Namen sprechen, da wir keine Organisation haben, in deren Namen wir, und sei es nur als Sprecher, auftreten könnten. Diese Frage wird mir häufig von Ausländern gestellt. Unlängst sprang nach meinem Vortrag in Paris ein tschechischer Schriftsteller auf und rief: „Was

* Gemeint ist die zweite Solidaritätsaktion zugunsten der Charta 77 von Ende Oktober 1979. Siehe oben S. 53 und Dokument Nr. 6 S. 137.

sind Sie, András Hegedüs? Prophet? Marxist? Antimarxist? Systemkritiker? Systemverteidiger?"
Ich denke, daß meine politische Rolle im Oktober 1956 ein für allemal zu Ende ging. Deswegen will ich selbst an keinerlei politisch-oppositioneller Bewegung teilnehmen, besonders keine führende Rolle spielen. Ich halte mich auch nicht im engeren Sinne des Wortes für einen Oppositionellen, ich arbeite nicht an politischen Plattformen alternativ zur gegenwärtigen politischen Führung. Was ich auf mich nehmen kann, ist ein zur Öffentlichkeit strebendes, kritisches gesellschaftswissenschaftliches Denken. In diesem Sinne will ich meine Autonomie bewahren.
Diese Kritik bleibt in gewissem Sinne eine interne Kritik, da hat Zoltán recht. Ich möchte diejenigen gesellschaftlichen Fragen, die mir am wichtigsten scheinen, so analysieren, daß ich meine Selbstzensur auf ein Minimum reduzieren kann.
Obwohl du aus der Partei ausgeschlossen bist?
HEGEDÜS: Obwohl ich aus der Partei ausgeschlossen bin und an der Universität nicht unterrichten darf.
Bist du ein parteiloser Bolschewik?
HEGEDÜS: Nein. Heute kann ich das Attribut „bolschewistisch" nicht mehr akzeptieren.
Oder ein parteiloser Marxist?
HEGEDÜS: Die Antwort kann nicht einfach ja oder nein sein. Ich bin durch fast alle Stadien gegangen, ich war orthodoxer, „gläubiger" Marxist; ich stand unter dem Einfluß von Lukács, der gewisse Thesen schon kritisierte, aber die marxistische Methodik mystifizierte; ich wiederholte mit Lukács: „Angenommen, die Wissenschaft widerlegt alle Thesen des Marxismus, so können wir noch Marxisten bleiben, wenn wir an die Fragen mit der revolutionären marxistischen Methodik herangehen."
Ich behaupte, daß ich weiterhin in der marxistischen Tradition arbeite. Da bin ich nicht herausgetreten und will auch nicht heraustreten, auch dann nicht, wenn es gerade jetzt im Westen populär ist.
Während der sechziger Jahre erwartete ich als Reformer eigentlich Reformen von oben, und ich nahm die Rolle

eines Stichwortgebers auf mich. Heute würde ich das nicht mehr tun, weil ich die Kraft, die in diesen Gesellschaften zu größerer Verwirklichung von sozialistischen Werten führen kann, in erster Linie in einer von der Machtstruktur unabhängigen öffentlichen Meinung sehe. In diesem Sinne bin ich aus dem Zauberkreis des Reformdenkens ausgetreten.

Zoltán Zsille, du bist schon vor fünf Jahren aus der Staatspartei USAP ausgeschlossen worden, hast deine Arbeit verloren und bist ein sogenannter „marginaler Intellektueller". Wie ist deine Lage?

ZSILLE: Ich sehe es als Hauptaufgabe an, diese Jahre in relativ guter geistiger und physischer Verfassung zu überleben. So kann ich die seltenen Möglichkeiten nützen, die sich für soziologische Arbeiten ergeben. Das hat auch eine politische Seite. Wir müssen diejenigen Kräfte in den verschiedenen gesellschaftlichen Schichten eruieren, die Akteure einer demokratischen Änderung sein können. Und zwar im In- wie im Ausland. Ich glaube nämlich, daß die Uhren in Osteuropa jetzt im großen und ganzen gleich gehen.

Wir reden von denen, die heute leidende Subjekte der Verhältnisse sind, aber morgen aktive Teilnehmer einer demokratischen Umwälzung in Osteuropa sein können. Man muß darüber nachdenken, was zu tun ist, wenn sich eine solche günstige Gelegenheit ergibt. Also in welcher Richtung eine Änderung möglich ist, bei Respektierung der „Hauptmacht" …

FÖLDVÁRI: Die bürgerlichen und politischen Rechte, deren Gewährung auch unsere Regierenden garantiert haben, sind Rechte, von denen man Gebrauch machen kann und soll. Auch ich respektiere sie und erwarte von anderen das gleiche. Ich bin jedenfalls ein Opponent des gegenwärtigen Regierungssystems, weil ich es für schlecht halte. Aber ich bin momentan nur ein geistiger Opponent, weil ich keinerlei Zeichen dafür sehe, daß alle diejenigen, die eine Reform für nötig halten, als legale Opposition auftreten können. Ich würde wünschen, daß es in der Zukunft möglich sein möge, gewaltsame Erschütterungen zu vermeiden. Ich bin mit meinem Freund Zoltán einer Meinung, daß die Uhren Osteuropas etwa gleich gehen. Erschütterungen würden sich kaum auf ein einziges Land beschränken. Ich denke, in dem Moment, wo die Macht ein Signal gibt, daß sie bereit ist, einen Dialog mit der Opposition zu führen, wo sie für institutionelle Änderungen und Reformen ihre Zustimmung gibt, möchte ich unter den ersten sein, die dieses Risiko auf sich nehmen – auch die Schwierigkeiten des Anfangs. Ich sage das, weil ich immer ein „Legalist" war und nicht bereit, mich an Aktivitäten zu beteiligen, die von den Machthabern verfolgt werden. Ich habe nie verborgen, was ich von dieser Politik halte. Ich halte meinen Abgeordneten im Parlament nicht für meinen Vertreter, ich habe ihn nicht gewählt und werde auch weiterhin nicht für ihn stimmen. Ich wünschte sehr, daß die Regierung es ermöglichen würde, daß mir und ähnlich denkenden Menschen Gelegenheit gegeben wird, unsere eigenen Vertreter dorthin zu senden, wo man wirkliche Politik macht. Ich bin zuversichtlich, daß dies in verhältnismäßig kurzer Zeit möglich werden wird.

Tamás sagt, daß, wenn es zu einer Explosion kommt, diese nicht auf e i n osteuropäisches Land beschränkt bleiben wird. Hier gibt es immer die Gefahr, daß man diese Völker mit „divide et impera" voneinander trennt bzw. gegeneinanderhetzt. Man muß nicht viel hetzen, weil überall gewisse chauvinistische und nationalistische Grundstimmungen noch sehr stark sind. Kann man sich eine koordinierte osteuropäische Opposition vorstellen?

HEGEDÜS: Ich bin skeptisch bezüglich der Nützlichkeit einer Zusammenarbeit zwischen den Oppositionen in den verschiedenen osteuropäischen Ländern. Ich bin tief überzeugt, daß die demokratischen Änderungen in Osteuropa in nächster Zukunft nicht in erster Linie durch die politische Opposition kommen, sondern durch die Entwicklung verschiedener autonomer gesellschaftlicher Gruppen, die nicht unbedingt politische Ziele haben müssen. Ich hege keine Illusionen über das Mehrparteiensystem. Was das wünschenswerte Zukunftsbild betrifft, denke ich an eine pluralistische Struktur, aber nicht an ein Mehrpar-

teiensystem. Ich erforsche nicht die Möglichkeiten zur Einführung des Modells der bürgerlichen Demokratie in Osteuropa, sondern ich bemühe mich um eine Alternative zur bürgerlichen Demokratie, um eine authentische sozialistische Demokratie. Eines der Grundprobleme dabei ist die ökonomische Basis für eine sozialistische Demokratie.
FÖLDVÁRI: Übrigens, ich rede nicht über irgendeine Koordination von oppositioneller Tätigkeit. Ich sprach davon, daß ganz plötzlich eine „Explosion" erfolgen kann, da diese Länder sich mit ähnlichen Problemen plagen und die Mentalität der Bevölkerung, die politischen Reaktionsmuster immer ähnlicher werden und die alten nationalen Unterschiede – so vermute ich – verschwinden.
Als es in Ungarn im Juli 1979 Preiserhöhungen gab, da wurde das von der rumänischen Presse veröffentlicht. Zum Teil haben sie damit ihre Benzinvalutenverordnung (Benzin nur gegen Hartwährung) begründet. Diese Verordnung wurde der Bevölkerung aber von den ungarischen Organen nicht rechtzeitig mitgeteilt, und als diese Verordnung am 1. August in Kraft trat, als an der Grenze Menschenmassen warteten, löste das eine große Empörung aus. Das kam der Regierung gerade recht, die Menschen redeten nicht mehr über die ungarische Preiserhöhung, sondern darüber, was an der rumänischen Grenze geschah. So kann man immer die Aufmerksamkeit der Menschen ablenken, nicht wahr?
HEGEDÜS: Allerdings. Das kann man nicht leugnen.
ZSILLE: So ist es. Deswegen gibt es außer dem Zusammenhalten nichts. Freilich stelle ich mir das auch nicht so vor, daß sich die Opposition in allen unseren Ländern zu einer Art politischen Partei organisiert und diese irgendeine Internationale bilden ... Gott behüte. Aber ich halte die Annäherung der oppositionellen Kräfte für sehr wichtig, eben weil man diese Nationen im Laufe der Geschichte so oft gegeneinander gehetzt hat, gegen ihre eigenen Interessen.
Was können die westlichen Linken für diesen Dialog tun?
HEGEDÜS: Manche meinen, daß die Linke die Verbindungen mit den osteuropäischen Ländern abbrechen sollte, wenn diese die Menschenrechte nicht respektieren.

Ich finde, im Gegenteil, man muß die Verbindungen noch ausbauen. Es wäre wichtig, daß diese linken Organisationen sich soviel wie möglich unmittelbar informieren, auch aus nichtoffiziellen Quellen. Sie sollten auch die Möglichkeit fordern, sich mit Menschen wie – etwa in der DDR – Professor *Havemann* treffen zu können. So wie die offiziellen osteuropäischen Delegationen, die Westeuropa besuchen, sich dort auch mit oppositionellen Persönlichkeiten treffen ...

FÖLDVÁRI: Der Vergleich stimmt nicht ganz ... Wer in Osteuropa für Demokratie eintritt, kann seine Verbündeten nicht ausschließlich in der marxistischen Linken suchen, die liberalen und radikalen Parteien sowie andere Bewegungen, Institutionen können auch unsere Verbündeten sein, wenn wir um eine wirkliche Demokratie in diesen Ländern kämpfen.

Das konservative Establishment halten wir natürlich ebensowenig für unseren Verbündeten wie Waffenfabrikanten und militärische Ultras.

ZSILLE: Und die Demokratie ist nicht ausschließlich Sache der Linken.

Dokument Nr. 6

Solidaritätserklärungen ungarischer Intellektueller vom Oktober 1979 zugunsten der Charta 77

I.

Protestresolutionen für die Freilassung der in Prag verurteilten Menschenrechtler, gesandt an Staats- und Parteichef J. Kádár sowie an die Sprecher der Charta 77 und die internationale Presse. Abdruck in: Gegenstimmen (Wien), Nr. 0, S. 26, April 1980.

Am 24. Oktober 1979 sind in Prag schwere Urteile im Prozeß gegen die tschechoslowakischen Staatsbürger Petr Uhl, Václav Havel, Václav Benda, Jiři Dienstbier, Ota Bednarova und Dana Nemcóva gefällt worden.

Wenn Menschen aufgrund ihrer Überzeugungen oder der Äußerung ihrer Meinung inhaftiert werden, so erfüllt uns das mit tiefer Beunruhigung, gleichgültig, wo es geschieht. Für die Verteidigung der Menschenrechte und der Demokratie halten wir es für notwenig, daß Sie Ihre Autorität einsetzen und für die Freilassung der in erster Instanz verurteilten Personen intervenieren.

Budapest, 25. Oktober 1979

Unterzeichnet von 127 Personen.

Wir protestieren gegen den Prager Prozeß gegen Vertreter der Charta 77 und gegen die Urteile, die in diesem Prozeß gefällt worden sind. Wir fordern die Freilassung der Verurteilten.

Budapest, 29. Oktober 1979

Unterzeichnet von 185 Personen.

II.

Offener Brief von György Bence, János Kenedi und János Kis an die Unterzeichner der Charta 77. Abdruck in: Listy-Blätter. Zeitschrift der im deutschen Sprachraum lebenden Mitarbeiter der tschechoslowakischen sozialistischen Opposition (Köln), Nr. 1/1980, S. 17.

Liebe Freunde!

Monatelang verfolgen wir mit Sorge die Nachrichten von den Vorbereitungen zum Prager Prozeß. Die zynischen Urteile nahmen wir mit Empörung zur Kenntnis.

Wir sind Osteuropäer: wir können nicht gleichgültig bleiben, wo und wann immer man in Osteuropa diejenigen verfolgt, welche für die Menschen- und Staatsbürgerrechte eintreten.

Wir sind Ungarn, Bürger eines Staates, dessen Armee an der Besetzung der Tschechoslowakei teilnahm: wir fühlen

eine besondere Verantwortung für alles, was in diesem Staat seit 1968 geschieht. Und wir gehören einer Generation an, welche sogar die Lektion des ungarischen '56 nur aufgrund des Beispiels des tschechoslowakischen '68 lernen konnte. Uns hat 1968 politisch erwachsen gemacht, und so ist Eure Sache zu unserer persönlichen Angelegenheit geworden.
Wie so viele in den Nachbarstaaten, haben auch wir aus der gewaltsamen Verhinderung des tschechoslowakischen Versuchs die Lehre gezogen, daß Demokratie in Osteuropa nur durch den Zusammenhalt der Völker dieses Raumes geboren werden kann. Wir müssen es gestehen: so dachte in Ungarn damals nur eine verschwindende Minderheit. Die Mehrheit räsonierte: die Demokratie ist bei uns nur ein eitler Traum, und wer solchen Träumen nachjagt, der gefährdet sogar unseren relativen Wohlstand und unsere Sicherheit. Die Lage kann man höchstens peu à peu im Rahmen des gegebenen politischen Systems bessern; dazu ist aber ein internationaler Zusammenhalt nicht notwendig, nein, im Gegenteil, es ist gut, wenn wir uns nach innen wenden und nicht die Aufmerksamkeit auf uns lenken.
Lange Zeit schien es so: die Mehrheit hat recht. In Ungarn wurden die Lebensbedingungen zwar langsam, aber spürbar besser, die staatliche Lenkung des geistigen Lebens wurde auch elastischer. Aber dann begannen die Grenzen der Entwicklung durchzuschimmern. Und je näher wir an diese Grenzen kommen, desto mehr Menschen gibt es, welche mit den immer geringeren Erfolgen unzufrieden sind. Die Zahl derer wächst, die nicht bereit sind, für einen solchen Preis die Hoffnung auf Demokratie aufzugeben.
Während der letzten Jahre erkannten immer mehr Menschen, daß wir Ungarn im übrigen uns nicht hinter unseren Staatsgrenzen verschanzen können. In den Nachbarstaaten leben allein in der Tschechoslowakei sechshunderttausend Ungarn, und die tschechoslowakische ungarische Minderheit wird seit 1968 nach und nach der wenigen Zugeständnisse beraubt, die ihr während der sechziger Jahre gewährt wurden. Wir haben gelernt: das unmittel-

bare Interesse des Ungartums ist, daß in den Nachbarstaaten Demokratie herrscht.

Liebe Freunde! In Ungarn leben viele Menschen, welche den Kampf der Charta für eine demokratische Tschechoslowakei mit Sympathie und Hoffnung verfolgen. Wenn ihr in diesen schweren Stunden aufzählt, wer in Osteuropa neben euch steht, könnt ihr auf sie zählen.

Budapest, 26. Oktober 1979

Dokument Nr. 7

Bedeutung und Zielsetzung des 1979 gegründeten „Fonds für die Unterstützung der Armen" (SZETA)

Gespräch von J. Singleton mit Bálint Nagy für die Londoner Zeitschrift „Labour Focus". Abdruck in: Gegenstimmen (Wien), Nr. 2, S. 14, Oktober–Dezember 1980.

Kannst du uns die Hintergründe für die Bildung der SZETA beschreiben?
NAGY: Die Initiative für die Einrichtung einer Organisation wie SZETA ist von einer Gruppe von Soziologen ausgegangen, die Mitarbeiter von István Kemény, einem bekannten ungarischen Soziologen, der jetzt in Paris lebt, waren. Kemény hat einige sehr bedeutende und interessante soziologische Untersuchungen über die Lebensbedingungen der Zigeuner, der Arbeiter und der Bauern durchgeführt. Selbstverständlich sind seine Arbeiten in Ungarn niemals publiziert worden. Seine Mitarbeiter wollten irgendetwas Praktisches auf der Basis dieser Untersuchungen unternehmen, mit den Kenntnissen und den Interessen, die sie darüber hatten. Einige davon, wie Ottilia Solt, András Nagy, Gabriella Lengyel, Gábor Havas und Magdolna Matolay haben letzten November versucht, eine Organisation zu bilden, die den sozial Unterprivilegierten und Armen in Ungarn praktische Ratschläge und Hilfe

geben könnte. Im Dezember vereinigten sie sich mit anderen Oppositionellen, beispielsweise mit András Hegedüs jr. (dem Sohn des bekannten Oppositionellen und Ex-Premiers), dem Architekten Lajos Koszorú und mir selbst. Später erfolgte der Zusammenschluß mit dem Dichter György Petri. Seitdem hat die SZETA zahlreiche Anhänger und Unterstützer gewonnen.

Worin siehst du die politische Bedeutung dieser Organisation?

NAGY: Ohne jeden Zweifel würden sehr viele Menschen in Ungarn, die bereit wären, die SZETA zu unterstützen, in ihr eine Art von Heilsarmee sehen.

Meiner Meinung nach aber, und das ist meine persönliche Meinung, besteht die Bedeutung der SZETA in der Schaffung einer Organisation, einer organisatorischen Form innerhalb der ungarischen Opposition. Am Anfang wollten einige von uns dies nicht als eine Art organisierter Opposition wahrnehmen, aber mehr und mehr sind sie gezwungen zu erkennen, daß wir tatsächlich diese Rolle innehaben.

Euer Ziel ist Gewährung von Beistand an jene, die in Armut leben. Welche Art von Beistand seid ihr in der Lage zu gewähren?

NAGY: Die Leute, denen wir helfen, sind Handarbeiter und Bauern, deren Einkommen unter dem offiziellen Stand von 800 Forint liegt. Selbstverständlich haben wir keine großen finanziellen Hilfsquellen, so daß unsere eigentliche Hilfe nicht finanzieller oder materieller Art sein kann, sondern eher beratenden und informativen Charakter hat. Wir geben juristische, medizinische, technische und pädagogische Hilfe an Menschen, die das brauchen, so daß sie dadurch für ein besseres Leben kämpfen können und einen besseren Gebrauch von den vorhandenen legalen und offiziellen Einrichtungen machen können. Wir beraten zum Beispiel darüber, wie man unter Ausnützung der legalen Kanäle einen Platz in einer Mittel- oder Hochschule erhalten kann.

Wie verbreitet ist die Organisation? Habt ihr Gruppen außerhalb von Budapest?

NAGY: Ja, der größte Teil unserer Arbeit wird außerhalb von Budapest, auf dem Land und in den anderen ungarischen Städten durchgeführt. Wir haben zum Beispiel eine Gruppe, die in Miskolc arbeitet. Der größte Teil der Mitglieder der SZETA kommt jedoch aus Budapest. In der gegenwärtigen Phase würden solche ländlichen oder kleinstädtischen Gruppen sehr spontan und locker organisiert sein.

Welche Art von Reaktionen habt ihr in der Gesellschaft gefunden, vor allem bei jenen, denen ihr helfen wollt?

NAGY: In dieser Phase kann man nicht wirklich von einer Antwort oder von einem Dialog zwischen SZETA und diesen sozialen Gruppen sprechen. Es ist noch keine beidseitige Kommunikation. Wir organisieren Beratungen, Information, Hilfe, aber diese Arbeit wird nach wie vor von Intellektuellen durchgeführt, so daß es viel zu früh ist, herauszufinden, welcher Effekt und welche Reaktion sich einstellt.

Wie war die Reaktion der Behörden?

NAGY: Bisher gab es keine Repression gegen die Organisation. Es gab einen Bericht darüber im Zentralkomitee, aber sie haben beschlossen, nicht zu intervenieren.

Dokument Nr. 8

Gründung und Aktivitäten des unabhängigen AB-Verlags im Jahre 1982

Gespräch von Mitarbeitern der ungarischen Samisdatzeitschrift „Beszélö" mit Gábor Demszky und Jenö Nagy, den Initiatoren des AB-Verlages. Erschienen im Sommer 1982 in der dritten Ausgabe von „Beszélö". Abdruck in: Gegenstimmen (Wien), Nr. 9, S. 25 ff., Oktober 1982.

Woher kommt eigentlich das Firmenzeichen des AB-Verlages? Die meisten Leser denken an die Staatliche Versicherung[1] oder an einen künstlichen Schwangerschaftsabbruch ...

AB benennt als Abkürzung im Handelsrecht jenen Ort, von wo der Käufer die Ware bereits auf eigene Kosten und

1) Allami Biztositó – AB: Staatliche Versicherung.

eigenes Risiko weitertransportiert. Wir haben vor allem an diesen Zusammenhang gedacht; doch die ersten Buchstaben des Alphabets weisen auch auf einen neuen Anfang und die gängige Abkürzung für die Abtreibung darauf, daß wir ein Verlag für unerwünschte Werke sind.

Die offiziellen Verlage sind sehr stark profiliert: ungarische Literatur, Volksbildung, Wissenschaft. Hat AB ebenfalls ein Profil?

Aus dem zu wählen, was offiziell nicht erscheinen kann – das ist unser Profil. Das heißt hingegen noch nicht, daß unser Interesse in erster Linie politisch ist, vielmehr vielleicht sogar: Bewahrung und Verbreitung von bestimmten Werten. Unsere bisherige Produktion ist zwar vielschichtig, doch erachten wir sie noch nicht als kennzeichnend.

Wie würdet ihr eure bisherige Produktion charakterisieren?

Wir haben Editionsreihen und -typen in Gang gesetzt. Wir stellen uns den Gedichtband von Petri[2] und Konráds Roman *Der Komplize* als Beginn einer Editionsreihe zur ungarischen Literatur vor. Das seit 1956 unveröffentlichte Gedicht von Illyés – *Ein Satz zur Tyrannei* – und der beschlagnahmte Artikel von Sándor Csoóri – *Der Intellektuelle als Nomade* – eröffnet gemeinsam mit den obenerwähnten Bänden eine Reihe für die in Schubladen liegenden Werke lebender ungarischer Schriftsteller.

Einer weiteren Gruppe unserer Veröffentlichungen könnten wir – in Anlehnung an ein Gedicht von Petri – den Reihentitel *Die kleine Oktoberrevolution* geben. Hierher gehört der UNO-Bericht[3], der Artikel von Ferenc Fehér und Agnes Heller zu 1956 sowie die Bibliographie von Bill Lomax zur Literatur der ungarischen Revolution. Alle drei Beiträge haben wir aus dem – in Ungarn kaum erhältlichen – Heft zu 1956 der *Magyar Füzetek* übernommen bzw. aus der *Iródalmi Ujság*[4] jene Teile der Memoiren des jugoslawischen Diplomaten Mićunović[5], die Ungarn betreffen.

2) György Petri, Örökhéftö (Ewiger Montag), 1982.
3) UNO-Bericht über die Ereignisse in Ungarn 1956, erschienen 1958.
4) Ungarische Emigrantenzeitungen in Paris.
5) Veljko Mićunović, Moskauer Jahre 1956–58. Mićunović war 1956

Wir hoffen, daß auch bald das Buch von Lomax über 1956 mit Anmerkungen und in der Übersetzung von György Krassó erscheinen kann.
Unsere dritte Reihe könnte den Namen *In der Minderheit* tragen. Dazu zählen wir das rumänische Reisetagebuch von László Németh, György Lázárs *Siebenbürger Bericht*, die Dokumente der CsMKJB[6] sowie den Essay von Bibó zur jüdischen Frage.
In der mit dem Titel *Perspektiven Mittelosteuropas* umreißbaren Themengruppe haben wir in erster Linie soziologische, politische und kulturell orientierte Schriften herausgegeben: erst vor kurzem den Essay *Das stille Europa* von Miklós Tamás Gáspár, oder jene Aufzeichnungen von Adam Michnik, die er aus der Gefangenschaft in den Westen bringen konnte.
Und eure kommenden Pläne?
Mehr Literatur. Die unveröffentlichten Schriften der *Volkstümler* innerhalb der ungarischen Literatur: László Némeths Studie *In der Minderheit*, Oszkár Jászis Buch *Ungarischer Leidensweg, ungarische Auferstehung* über die Revolutionen 1918/19, den *Russischen Reisebericht* von Lajos Nagy und jene Schriften und Gedichte von Babits und Kosztólányi, die aus ihren *Gesammelten Werken* entfernt wurden.
Bei der ausländischen Literatur würden wir gerne solche bekannten Werke wie Orwells *1984* oder Koestlers *Sonnenfinsternis* verlegen, ebenso Anthologien von bei uns fast unbekannten osteuropäischen Schätzen: wir denken hier an Gombrowicz, an die Werke von Milosz, an die unveröffentlichten Schriften von Hrabal und an Mrozeks *Botschafter*. Auch ein Punk-Rock-Album ist geplant.

jugoslawischer Botschafter in Budapest. Sein Bericht, der auch in Jugoslawien viel Staub aufwirbelte – die UdSSR wollte dessen Erscheinen unterbinden –, gilt als einer der wenigen »Insider«-Berichte zur ungarischen Revolution. Mićunović starb im Juli 1982 in Beograd.

6) CsMKJB: Rechtsschutzkomitee für die ungarische Minderheit in der CSSR, oppositionelle Vereinigung, besteht seit 1979.

Hier wirft sich natürlich die Frage auf, welche Grenzen ihr euch selbst setzt. Gibt es irgendein Werk, das ihr unter keinen Umständen veröffentlichen würdet?

In der Form des Dokuments würden wir – wie es auch die offiziellen Verlage mit den geheimen Schriften von Horthy oder dem *Szálasi-Tagebuch* getan haben – alles verlegen, was wir für interessant oder wichtig halten. Selbstverständlich würden wir eine redaktionelle Arbeit leisten – so geben wir z.B. auch László Némeths *In der Minderheit* nur gemeinsam mit den zeitgenössischen Kritiken heraus. Doch besteht für uns keine Notwendigkeit, in irgendeiner Weise laufend unsere eigenen Stellungnahmen abzugeben: Wir bewegen uns auf einer derart breiten Skala, daß keinesfalls die Anklage der Identifikation mit irgendeiner unserer Ausgaben auftauchen kann. Es wäre im übrigen auch nicht sehr wünschenswert, daß die Perspektive oder der Rahmen unseres Verlages von momentanen politischen Urteilen oder Bedürfnissen bestimmt wird. Bezüglich der Literatur oder Essays ist unser einziger Maßstab die Qualität des Werkes.

Es ist natürlich fraglich, ob ihr dann – bei einem so breit gestreuten Programm – die Entscheidungsverantwortung auch fachlich übernehmen könnt ...

Natürlich sind wir auf Ratgeber und Redakteure angewiesen. Zuerst wollten wir eigentlich nur beweisen, daß es sehr wohl möglich ist, Samisdat in einer relativ hohen Auflage herzustellen und zu verbreiten. Jetzt wollen wir in nächster Zukunft einen redaktionellen Beirat schaffen, dem dann – unseren Vorstellungen entsprechend – auch im Ausland lebende Ungarn angehören würden.

Wir hören auf Souffleure und warten auf Ideen, doch solange wir allein im Impressum stehen, müssen wir auch entscheiden – ebenso, wie wir auch allein mit den Autoren die Verantwortung teilen. Doch hoffen wir, daß wir in Zukunft noch weit mehr mit der Unterstützung von Leuten rechnen können, die Erfahrung mit Lektorat und Redaktion haben sowie Übung im Übersetzen. Wir benötigen sie und bitten sie hiermit auch um jede Hilfe. Genauso gerne hätten wir, wenn möglichst viele zur

weiteren Verbreitung unserer Ausgaben beitragen würden.
Ihr betrachtet also AB nicht als Druckerei, sondern ausschließlich als Verlag?
Wir werden keinerlei Druckaufträge oder Lohnarbeit annehmen; wir sind eindeutig ein Verlag.
Wie schaut es mit den Urheberrechten aus?
Wir werden kein Werk eines noch lebenden heimischen Autors gegen dessen erklärten Willen herausgeben. Genausowenig werden wir nach den echten Namen von Werken mit Pseudonym fahnden, auch wenn wir diese leicht finden würden.
Autorenhonorare hingegen können wir momentan nur mit Belegexemplaren abgelten.
Mit der Vervielfältigung ist auch die glückliche anarchische Ära des Samisdat zu einem Ende gelangt, als jeder – getippt – einfach alles herausgeben konnte. Selbstverständlich ist auch eure Technik nicht unzugänglich – doch wie erträgt AB die Last einer relativen Monopolstellung?
Wir möchten nur unserer Hoffnung Ausdruck verleihen, daß die Vorteile dieser neuen Ära für jeden klar auf der Hand liegen – welche glückliche Ära auch immer die nun höhere Auflage zerstört haben mag. Nicht nur der Kreis der Leser wird erweitert, sondern auch bis jetzt unzugängliche Werke gelangen an eine breitere Öffentlichkeit. Zudem hat es auch mit dem laufenden Textverschleiß – was mit der kettenartigen Verbreitung der maschinengeschriebenen Blätter einherging – ein Ende.
Mit dieser neuen Technik können wir uns ab jetzt in zwei Richtungen fortbewegen: wir haben uns eben nicht für eine geradlinige Fortsetzung des Samisdat – in der Art einer Druckerei – entschieden, sondern haben mittels dieser neuen technischen Möglichkeiten einen Verlag aufgezogen – wobei wir die Aufgabe der Auswahl auf uns genommen haben. Wir deuteten schon an, daß wir uns bemühen, die geistige Verantwortung mit Redakteuren und Übersetzern zu teilen. Doch ebenso ist uns bewußt, daß dies allein für die Freiheit der Meinungsäußerung noch nicht genügt: wir wollen kein Monopolbetrieb blei-

ben und würden gerne das Drucken als eine Art populäres Gesellschaftsspiel sehen. Daß wir zur Zeit allein am Markt sind, ist außerhalb unserer Schuld.

Welche Technik wendet ihr an?

Wir haben drei Techniken, von denen zwei manueller Art sind. Der Siebdruck ist an sich eine anspruchsvolle Arbeit, doch kann sie im Grunde jeder ausführen – mit leicht zugänglichen Materialien, die in jedem Graphikerfachgeschäft erhältlich sind. Dieses »Handwerk« kann man sogar aus einem Buch lernen – über die allgemeinen drucktechnischen Handbücher hinaus möchten wir auch auf die Ausgabe des Technischen Verlages *Der Siebdruck* verweisen. Die Vorteile dieser Technik kann jeder Graphiker sehr leicht erklären. Die sonst übliche Siebtechnik kann aber auch weiter vereinfacht werden: Man befestigt von unten an das Sieb oder an einem entsprechenden Stück Leinen eine Wachsmatrize, während man die freibleibenden Teile abdeckt. Die immense polnische Samisdatproduktion ist zum größten Teil mit diesem Verfahren entstanden, in Polen nennt man es »ramka«. Auflagen in Tausender-Höhe mit guter Qualität sind ohne weiteres möglich, wobei wesentlich ist, daß dieses aus Sperrmüll an einem Nachmittag herstellbar ist und damit ebenso an einem Nachmittag hunderte vervielfältigter Blätter entstehen können. Über diese beiden manuellen Techniken hinaus nehmen wir auch die Dienstleistungen der zweiten Wirtschaft in Anspruch: Matrizen, Offset und Xerox. So können wir ein ca. 30–40seitiges Manuskript in einer Auflage von einigen hundert Stück in wenigen Tagen herausbringen.

Denkt ihr nicht daran, einen Gewerbeschein für Kleinunternehmen zu beantragen?

Wir würden sehr gerne Steuern zahlen, doch ist zu befürchten, daß wir wahrscheinlich in allernächster Zukunft nicht zu einer juristischen Person werden können.

Wir wissen nun, daß AB keine Druckerei ist, sondern ein Verlag. Seid ihr aber nun eine Art öffentliche Institution oder ein Geschäftsunternehmen? Gesellschaftliche Vermittler, die von der Gemeinschaft Unterstützung erwarten, oder einfach – zwar mit bestimmter Ausrichtung – eine Geschäftsfirma?

Wir würden uns sehr gerne als eine Art Institution betrachten, doch wir müssen uns momentan wie ein Unternehmen verhalten. Anders könnten wir nicht laufend produzieren.
Der Leser des Samisdat – so auch unser Publikum – ist gewohnt, die Ausgaben zum Selbstkostenpreis zu erstehen – selbst bei vervielfältigten Exemplaren. Bei AB–Editionen hingegen kommt es recht häufig vor, daß der Stückpreis höher ist als der Selbstkostenpreis. Warum?
Wir geben mehr heraus, daher brauchen wir mehr Kapital. Doch im Unterschied zu gewöhnlichen Unternehmen arbeiten wir nicht für einen individuellen Profit. Unser Grundsatz lautet, die Tipper und Drucker zu bezahlen, nicht aber die Kopfarbeiter. Selbst für den physischen Teil der Arbeit können wir nur die mit »Stücklohn« meßbare Arbeit bezahlen. Uns selbst bezahlen wir auf der Grundlage eben dieses Grundsatzes, und leben nur zum Teil davon – auch wenn unsere Arbeit vollen Einsatz verlangt.
Vielleicht mögen einige beanstanden, daß wir die Startkosten auf die Konsumenten abwälzen wollen, doch wir sind gezwungen, einige Ausgaben eben teurer als die übrigen Samisdats zu verkaufen: weil wir unsere Tätigkeit nicht verlangsamen wollen, um abzuwarten, bis alles ausverkauft ist, bevor wir wieder mit neuen Ausgaben erscheinen können. Langfristig aber planen wir, ebenso die Übersetzer, Autoren und Lektoren für ihre Arbeit zu bezahlen. Wir wissen noch nicht, ob wir dies schaffen können. Vorläufig werden sie noch mit einer beträchtlichen Anzahl von Belegexemplaren entgolten.
AB hat auf einem ungesättigten, ausgehungerten Markt kaum Konkurrenz und bezahlt auch keine Steuern: zwangsläufig taucht der Verdacht auf, daß es unter diesen Umständen zu einem Extraprofit kommt. Solltet ihr nicht den anderen unabhängigen gesellschaftlichen Organisationen, z.B. der SZETA, spenden?
Das wäre allzu schön, doch wir können nicht so tun, als ob wir die Rothschilds wären. Wir haben einfach kein überschüssiges Geld, nur Schulden. Vorläufig benötigen wir einmal selbst Hilfe – trotz unserer scheinbar so hohen Preise: übrigens erhalten Studenten eine Ermäßigung, und wir weisen auch auf die Möglichkeit des kollektiven Einkaufs hin.

Dokument Nr. 9

An die Teilnehmer des Friedensmarsches '82

Flugblatt, im August 1982 in Budapest verteilt und mit Festnahmen verbunden; der „Friedensmarsch" führte von Moskau nach Wien und wurde von westlichen Teilen der Friedensbewegung, die der sowjetischen Politik wohlwollend gegenüberstanden, unterstützt. Abdruck in: Gegenstimmen (Wien), Nr. 9, S. 29, Oktober 1982.

Sie wurden eingeladen, um den friedliebenden Charakter der Politik der ungarischen Regierung zu bezeugen. Sie müssen hingegen wissen, daß viele Ungarn die Friedensbemühungen ihres Landes bemängeln, zugleich aber nicht das Recht haben, ihre Unzufriedenheit darüber auszudrücken.

Unsere Regierung hat 1968 an der militärischen Okkupation der Tschechoslowakei teilgenommen, heute unterstützt sie die polnische Militärdiktatur. Gegenwärtig sind mehr als hundert Jugendliche zu langjährigen Haftstrafen verurteilt, weil sie sich auf ihr verfassungsmäßiges Recht auf Gewissensfreiheit beriefen und den Dienst mit der Waffe verweigerten. Es gibt keine gesetzliche Möglichkeit für einen zivilen Ersatzdienst. Das Militärbudget ist geheim. Die Presse darf die Armee keiner Kritik unterwerfen. In Ungarn sind Hunderttausende ausländischer Soldaten stationiert, und unsere Regierung ersucht nicht einmal, als Partner an den Wiener Verhandlungen zur Reduzierung der Waffensysteme in Mitteleuropa teilnehmen zu können. Unsere Nachbarn sind befreundete Staaten, dennoch werden in diesem Land sowjetische Offensivraketen installiert. Damit wird Ungarn zum möglichen Schauplatz eines atomaren Schlages. Dies alles ist aber in der Öffentlichkeit nicht diskutierbar.

Wir bitten Sie, werden Sie nicht zum Werkzeug eines Mißbrauches im Namen des Friedens. Vergessen Sie nicht: Es gibt keinen Frieden ohne Freiheit!

László Rajk, Architekt
Miklós Haraszti, Schriftsteller

Dokument Nr. 10

Das Programm von János Kis und seine „Gedanken über die nächste Zukunft“ nach der Erklärung des am 13.12.1981 in Polen ausgerufenen Kriegszustandes

Analyse der nach den polnischen Dezember-Ereignissen (1981) entstandenen Situation für das osteuropäische Dissidententum. Verfaßt März-April 1982, erschienen im Sommer 1982 in der dritten Nummer der Samisdatzeitschrift „Beszélő“. Abdruck in: Gegenstimmen (Wien), Nr. 9/1982, S. 19–23 und Nr. 10/1982, S. 15–19.

1. Teil: Das Ende der poststalinistischen Ära in Osteuropa*

Der Niederwerfung der ungarischen Revolution und der Okkupation der Tschechoslowakei folgten in ganz Osteuropa die Jahre der reaktionären Heiligen Allianz. Den verstreuten Resten einer demokratischen Opposition blieb nichts anderes zu tun, als über die Lehren ihrer Niederlage zu grübeln und auf bessere Zeiten zu warten. Während heute das offizielle Osteuropa die Unterdrücker der polnischen Arbeiterbewegung feiert, müssen wir zwangsläufig daran denken, daß dies alles auch ein drittes Mal eintreffen könnte. Mit diesem Artikel möchte ich alle meine Freunde überzeugen, daß diese Parallelen täuschen. Was auch immer das Schicksal der seit Mitte der siebziger Jahre entstandenen oppositionellen Gruppen sein mag, der status quo wird sich keinesfalls erhalten. Darum wird es, sollte die ungarische Opposition die Nachwehen des 13. Dezember überdauern, nicht sehr sinnvoll sein, in allem so fortzufahren, wie sie es vor diesem 13. getan hat. Denn auch für uns wird die vor August 1980 bestehende Lage nicht mehr wiederkehren, auch die Mittsiebziger nicht, genauso wenig wie das, was vorher war.
1956 und 1968 war es noch genug, einfach die Einparteiendiktatur wiederherzustellen, und damit war alles erledigt.

* Die Zwischentitel wurden von der Redaktion eingefügt.

Zwar wirkten sich die Folgen der politischen Krise auch auf die Wirtschaft aus, doch die sowjetischen und anderwärtigen Stützungsmaßnahmen reichten für die Sicherung der Warenversorgung und für einen Aufschwung in der Warenproduktion vollkommen aus.
Die polnische Krise hingegen hat einen ökonomischen Ursprung, und mit einer bloßen Symptombehandlung kommt man ihr nicht mehr bei. Darüber hinaus ist sie bereits nur ein Teil der Krise der gesamten Region. Die Probleme sind so gravierend, daß die ökonomischen Grundlagen der poststalinistischen Politik gefährdet sind.
Nach 1953 wurde – auf sowjetische Initiative – das Prinzip, die Konsumansprüche der Bevölkerung in Ehren zu halten, zu einem Eckpfeiler der Wirtschaftspolitik der osteuropäischen Länder. Gemeinsam mit der industriellen Akkumulation müsse – wenn auch nicht so rasch – der Lebensstandard steigen; die Spannungen im Investitionssektor dürfen in den Phasen des beschleunigten Wachstums nicht auf Kosten der Warenversorgung aufgelöst werden, und einer Wachstumsverlangsamung darf nicht eine plötzliche Vernachlässigung des Konsums folgen.
Dieses Prinzip wurde nicht von selbst oder gar von heute auf morgen zu einer allgemein anerkannten Regel: Berlin und Plzeň 1953, Poznan und Budapest 1956, Gdańsk, Szczeczin und Lódz 1970/71 und die übrigen – man brauchte viele warnende Erfahrungen, bis die kommunistischen Führer verstanden, daß sie besser daran täten, den Lebensstandard nicht als eine einfache Variable zu betrachten.
Und sie haben es gelernt.
Im Großteil der jetzigen Epoche und in der überwiegenden Mehrzahl der Länder dieser Region hüteten sie sich auch ohne besondere Warnung, die Konsumlust der Menschen völlig zu vernachlässigen.
Dies stellte im Vergleich zur stalinistischen Ära eine totale Wende dar. Es zeugte davon, daß es für die Führungsgruppen Osteuropas nicht mehr vollkommen gleichgültig war, ob sich die Gesellschaft mit ihrer Herrschaft abfindet oder nicht. Diese Anerkennung des Konsumbedürfnisses ging

einher mit dem Abbau des Massenterrors, zog aber eine ganze Schar weiterer Folgen nach sich; diese Entwicklung war einer der Ursprünge der revisionistischen Bewegung Mitte der fünfziger Jahre, gab auch den Anstoß zu den wirtschaftlichen Reformversuchen der sechziger Jahre, beschleunigte den Prozeß der Entspannung und trug Anfang der siebziger Jahre dazu bei, daß die RGW-Mitglieder ihre Wirtschaften dem entwickelteren westlichen Waren- und Kreditangebot gegenüber öffneten; mittelbar hatte diese Entwicklung auch daran Anteil, daß ab Mitte der siebziger Jahre in mehreren Ländern kleinere oder größere Bürgerrechtsgruppen entstehen konnten.
Diese Veränderungen waren zwar jede für sich genommen nicht unumkehrbar, doch kleineren Abweichungen zum Trotz wurde der Konsum im Laufe der Zeit für die staatswirtschaftlichen Entscheidungen zu einer immer starreren Schranke und übte so pausenlos Druck auf die politischen Führer der Region aus. Die Entwicklung bahnte sich auf diese oder jene Weise ihren Weg, und schritt über alle Rückfälle und Umwege hinaus hartnäckig voran.
Zumindest bis Anfang der achtziger Jahre sah es so aus – bis dann plötzlich sehr zweifelhaft wurde, ob die osteuropäischen Staaten dem Zusammenbruch des bereits gewohnten Lebensniveaus würden entgehen können. In Rumänien und Polen ist es zu einer wahren Versorgungskatastrophe gekommen, und auch in der Tschechoslowakei haben sich schwere Lücken gezeigt. In Ungarn und Bulgarien sind gewaltige Maßnahmen zu verzeichnen, die die Nachfrage einschränken, später auch in den vorher genannten Ländern. Anfang 1982 hält sich alleine noch die DDR – so irgendwie.
Zwar kehrten die unerträglichsten Schrecken der stalinistischen Zeit nicht mehr zurück, aber ebensowenig ihre außergewöhnliche Dynamik. Damals waren die Konsumbeschränkungen Begleiterscheinungen der gespannten industriellen Akkumulation und der Produktionssteigerungen, heute hingegen gehen sie mit dem Rückgang der Akkumulationsquote und dem gebremsten wirtschaftlichen Wachstum einher.

Das Wachstum der Region ist seit 1975 stark verlangsamt, 1980 sind mehrere Länder an der Grenze zur Stagnation angelangt; es gibt sogar Beispiele der jahrelangen absoluten Schrumpfung.

Die offiziellen Erklärungen stellen diesen Rückgang als einen zwar schwer zu korrigierenden, aber vorübergehenden Ausrutscher dar. Für die heutigen Übel wird die explosionsartige Dollarverschuldung der siebziger Jahre verantwortlich gemacht. Mit Ende des Jahrzehntes seien die Rückzahlungsverpflichtungen derart angeschwollen, daß der Export nicht mehr imstande ist, gleichzeitig die fälligen Tilgungen und die für ein laufendes Wachstum notwendigen Importkosten zu decken – und neue Kredite sind immer schwerer aufzunehmen. Eben deshalb müsse man eine Wachstumsverlangsamung so lange in Kauf nehmen, bis das Zahlungsbilanzdefizit auf ein erträgliches Maß reduziert sei.

So die Erklärung in der ersten oberflächlichen Betrachtung; doch achten wir einmal genau auf die Einzelheiten. Denn hier geht dann sofort hervor, daß der Rückfall nicht nur vorübergehende Ursachen hat.

Womit erklären sie denn die Verschuldung?

Auf der einen Seite mit der sprunghaften Zunahme der Importausgaben – dies wird teilweise damit in Zusammenhang gebracht, daß Mitte der siebziger Jahre die westlichen Banken und Regierungen ebenso viele billige Kredite anboten, wie man benötigte. Die Versuchung war daher sehr groß, daß die osteuropäischen Staaten derart viele moderne Industrieanlagen und Halbfertigprodukte mit Hilfe von Krediten importierten und auch einen Teil der wachsenden Nachfrage mit durch Darlehen gedeckte Warenimporte befriedigten.

Zum Teil spricht man auch davon, daß – als unter dem Druck der Preisexplosion am Weltmarkt die Zahlungsbilanz mehrerer osteuropäischer Staaten deutlich schlechter wurde – man eben mit Hilfe dieser leicht erhältlichen Kredite die Strukturveränderung des Außenhandels sehr leicht aufschieben konnte: alles bleibt beim alten, und nur die für Importe verwendete Geldmenge schwoll an.

Hier handelt es sich tatsächlich um vorübergehende Entscheidungsfehler. Ihre Auswirkungen werden mit der Rückzahlung der Kredite verschwinden.
Nur daß die offizielle Propaganda – verschämt zwar – auch auf eine dritte Ursache hinweist: unsere Freunde können seit neuestem nicht mehr so viele Rohstoffe und Energieträger liefern, wie wir nötig hätten. Diese Benennung zielt natürlich auf die Sowjetunion, und ihre Lieferschwierigkeiten sind nicht vorübergehenden Charakters: Bis Mitte der siebziger Jahre war eine der Triebkräfte für das schnelle Wirtschaftswachstum der osteuropäischen Region das fast unbeschränkte Angebot billiger sowjetischer Rohstoffe und Energie. Doch inzwischen beginnen die im europäischen Teil der Sowjetunion angesiedelten und leicht auszubeutenden Fundstellen zu versiegen. Die Ausbeutung hat sich stufenweise in die schwer und nur teuer verwertbaren ostsibirischen Territorien verlagert.

Die Preise steigen, und das Angebot bleibt immer mehr hinter den Bedürfnissen zurück. Eben einer der Gründe der hohen Dollarverschuldung der osteuropäischen Länder war, daß sie einen Teil der vorher für Rubel eingekauften Energiequellen sich nun für harte Devisen anschaffen mußten. Diese Situation wird sich in den kommenden Jahrzehnten wohl kaum mehr ändern.
Auf der anderen Seite pflegt man die Verschuldung mit der ungenügenden Steigerung der Exporteinnahmen in Zusammenhang zu setzen. Ebenso viel wird auch von der schlechten Weltwirtschaftskonjunktur gesprochen. Die Marktnachfrage für fast alle Produkte läßt immer mehr nach, und der Kampf zwischen den Lieferanten wird zunehmend schärfer ausgetragen.
All dies ist tatsächlich nur ein vorübergehendes Übel, selbst dann, wenn man nicht weiß, wann diese Stagnation überwunden sein wird. Doch das, womit auch die hiesige Presse die geringe Wettbewerbsfähigkeit erklärt, ist schon ein bleibendes Übel, gewissermaßen eine organische Krankheit der osteuropäischen Wirtschaften: daß die Mehrzahl ihrer Industrieprodukte teuer und überholt

sind; daß sie verspätet liefern; daß sie nicht fähig sind, eine laufende Ersatzteillieferung zu garantieren und daß sie nur langsam den Veränderungen in der Nachfrage nachkommen können. Solche Beschwerden wiederholen sich, seitdem man sämtliche Ökonomien der Region nach sowjetischem Muster einem zentralen, hierarchisch gelenkten Apparat untergeordnet hat. Tausende Maßnahmen wurden getroffen und ebenso viele Kampagnen zu ihrer Abhilfe organisiert – und alles war vergeblich.

Es wäre unbegründeter Optimismus, nun damit zu rechnen, daß wir in kürzester Zeit alle Schwierigkeiten überwunden haben werden. Die Drosselung aller Investitions- und Konsumausgaben dauert schon seit Jahren an, und die osteuropäischen Schulden haben sich nur vermehrt. Inzwischen ist der Außenhandel Polens und Rumäniens vollends in Unordnung geraten. Die tschechoslowakische Staatsführung – von diesen Beispielen aufgescheucht – hat mit drastischen Importbeschränkungen die Binnenversorgung aufs Schwerste gestört.

Niemand rechnet heute mehr mit einer raschen Linderung, und selbst die Regierungen vertrösten die Öffentlichkeit nur damit, daß es unter Umständen nicht mehr schlechter wird. Überall Unschlüssigkeit, überall Ratlosigkeit.

Mangels eines Besseren holen sie nun wieder die Ideen der Wirtschaftsreform hervor. Vielleicht hilft eine größere Selbständigkeit der Betriebe, ein größeres Interesse und all das andere, die Wirtschaftseffizienz zu verbessern. Nach der lautstarken Reformfeindlichkeit der siebziger Jahre könnten wir sogar diese Entwicklung für glücklich halten, wenn von einer ernsthaften Wende die Rede wäre. Ich für meinen Teil glaube aber, daß jene Beobachter im Recht sind, denen zufolge wir nicht mit umfassenden Reformen rechnen sollten.

Zum ersten sind auch die bislang beschlossenen Veränderungen nur oberflächlicher Natur (ich zähle jetzt die polnischen Entwürfe vor dem Dezember 1981 nicht dazu, und auf die ungarische Wirtschaftspolitik komme ich später zu sprechen), zum zweiten löst der Rückgang der westlichen

Importe den bekannten – mit einer Reform unvereinbaren – Maßnahmenreflex aus: der den Bestimmungen der Zentrale untergeordnete Betätigungskreis wächst, und der Eingriff in den zwischenbetrieblichen Warenaustausch wird immer häufiger; und drittens – dies halte ich für den wichtigsten Punkt – begünstigen die politischen Verhältnisse heute nicht gerade die Einführung von Reformen.

Jede Reform stellt die Staatsführung der Länder sowjetischen Typs vor zwei eng zusammenhängende Probleme. Das eine ist der offene oder verdeckte Widerstand des Wirtschaftslenkungsapparates – die Kader der mittleren Regierungsstellen umgehen die Reform, weil sie fürchten, durch sie überflüssig zu werden; die regionalen Parteiorgane sabotieren sie, weil sie um ihre Macht zittern; die Generaldirektoren der in geschützter Lage vor sich hinvegetierenden Großbetriebe umgehen sie, damit der marktorientierte Wettbewerb nicht ihre angenehme Position gefährden kann.

Das zweite Problem steht damit im Zusammenhang, daß es für ein Reformsystem bedeutend schwieriger ist, die Preisentwicklungen sowie die Lohn-, Preis- und Arbeitsmarktbewegungen unter Kontrolle zu halten. Ein freieres Spiel von Angebot und Nachfrage kann vorübergehend die Mängel noch verschärfen, den Inflationsdruck erhöhen und zur Entstehung von Arbeitslosigkeit beitragen. Es besteht daher die Gefahr, daß sich nach Einleitung einer Reform die Unzufriedenheit jener gesellschaftlichen Gruppen steigert, die von den politischen Entscheidungen ausgeschlossen sind. Massenhaft könnte die Überzeugung überhandnehmen, daß die Wirtschaft über die Köpfe der Menschen hinweg zugrundegerichtet werde und man nun nicht mehr tatenlos zuschauen könne, was die Landesväter aufführen.

Dieses Risiko könnte nur dann in einem bedeutenden Ausmaß gesenkt werden, wenn der Staat über größere Devisenreserven verfügt und er sie für die Umstellungszeit auch zur Nachfragedeckung im Interesse von Preisstabilisierungen und einem Produktionsaufschwung ohne Schwierigkeiten flüssig machen kann. Sollten aber solche

Reserven nicht zur Verfügung stehen und außerdem die gesellschaftliche Unzufriedenheit bereits vor Einführung der Reform stärker werden – wie zum Beispiel jetzt –, dann ist die Staatsführung vor die Entscheidung gestellt: entweder will sie die Reform durchführen und dann auch politische Konzessionen machen – und indem sie die auf diese Weise errungene Massenunterstützung ausnützt, kann sie sogar den Widerstand im Apparat brechen – oder sie nimmt die politische Konzession nicht auf sich und muß sich dann mit dem Apparat zusammenschließen, um so der Gesellschaft ihre Stärke zu demonstrieren.

Der 13. Dezember hat für ganz Osteuropa diese Alternative entschieden; die Kompromißlösung zog in den Führungskreisen der Region allgemeines Entsetzen nach sich, als die polnische Führung noch einige Bereitschaft zeigte, sie irgendwie noch zu akzeptieren. Als sich dann die polnischen Führer – von der Stärke der Solidarność entsetzt – in die Proklamierung des Ausnahmezustandes flüchteten, war die Entscheidung endgültig auch für die übrigen Länder gefallen: keinen Schritt nachgeben, dann schon lieber die Bajonette.

In dieser ausweglosen Situation kann heute bereits alles geschehen. Protestrevolten – wie sie sich im Herbst vorigen Jahres in Südwestrumänien abspielten – könnten sich häufen; es könnten sich illegale Gruppen wie in Polen bilden; die Kopfarbeiter bzw. die meinungsbildenden Intellektuellen könnten sich der Macht entfremden, oder es könnte zu Führungskrisen kommen, und der Apparat könnte zerrüttet werden. Neuerlich kann er mancherorts die Herrschaft den bewaffneten Kräften überlassen, wenn er – und dies ist nicht von vornherein ausgeschlossen – nicht auch diese ins Chaos mitreißt.

Wie sich das Ganze konsolidieren wird, hängt natürlich nicht nur von den inneren Verhältnissen der Region ab, wie ja auch nicht die polnischen herrschenden Kreise alleine die Vernichtung der legalen Organisationen der Solidarność beschlossen haben. Das letzte Wort gehört der sowjetischen Führung, die unverändert die osteuropäische Einflußzone ihres Staates fest in Händen hält – obgleich

sie dazu nicht mehr fähig ist, ihr auch noch aus den wirtschaftlichen Schwierigkeiten herauszuhelfen.
Denn auch die Sowjetunion kämpft mit Schwierigkeiten; das Nationaleinkommen wächst nur sehr langsam, seit Mitte der siebziger Jahre verschlechtert sich die Versorgung der Bevölkerung ständig, und die Wirtschaft ist immer weniger fähig, die Lasten des Rüstungswettlaufes zu ertragen; die sowjetische Interpretation der Entspannung ist unhaltbar geworden, das ungleichmäßige Bevölkerungswachstum der Nationalitäten untergräbt immer mehr die demographischen Grundlagen der Herrschaft der russischen Nation, die oberste politische Elite ist veraltet, die wichtigen Entscheidungen werden seit Jahren verschleppt, und die Nachfolge ist noch immer ungesichert. Die gegenwärtige sowjetische Führung will nur mehr eines in Osteuropa: die Ordnung aufrechterhalten. Doch ihre Nachfolger werden dann zu prüfen haben, was sie mit der geerbten Konkursmasse tun wollen. Ihr Entschluß wird mit Sicherheit nicht unabhängig davon sein, für welchen Ausweg aus der inneren Krise und der düsteren weltpolitischen Lage sie sich selbst entscheiden werden.
Zu den folgenschwersten Auswirkungen der gegenwärtigen osteuropäischen Krise rechne ich, daß sich die Regierungen den unvorhersehbaren Wendungen der sowjetischen Politik auf Biegen und Brechen ausliefern. Je weniger sie mit dem stillschweigenden Einverständnis der Bevölkerung rechnen können, desto mehr sind sie dem Wohlwollen des Großen Bruders ausgeliefert. Jaruzelski ist von der sowjetischen Führung abhängiger als Gierek, Ceaucescu 1981 mehr als früher, und selbst der Entscheidungsspielraum von Husak hat sich – wenn dies noch möglich war – eingeengt.
In diesem Vergleich müssen wir die bisherigen Leistungen der ungarischen Staatsführer als außerordentlich gut und ihren Bewegungsspielraum als außerordentlich groß erachten.

Auch der ungarische Staat ist stark verschuldet, doch hält er seine Zahlungsbilanz und seinen Außenhandel momentan noch unter Kontrolle. Dies machte zwar strenge importbeschränkende Maßnahmen notwendig, doch diese Einschränkungen haben noch nicht zur völligen Zerrüttung des Verbrauchermarktes geführt. Die Preise steigen, doch sind relativ große Bevölkerungsgruppen – unter gesteigerter Ausbeutung ihrer Freizeit – zur Anhebung ihrer Geldeinkünfte fähig. Das Überleben wird zwar immer schwieriger, doch es ist bisher nicht zu einem derartigen Rückfall gekommen, den nur mehr die Drohung der Bajonette erträglich macht. Die Staatsführung hat sich den Konsumbedürfnissen der Bevölkerung nicht entgegengestellt, und die Bevölkerung hält diese Staatsführung weiterhin für die beste, die in Osteuropa überhaupt möglich ist. Die Menschen verschlingen aufgeregt die Nachrichten aus den Nachbarländern, um mit einiger Überheblichkeit festzustellen, wieviel besser es bei uns sei.
Wir müssen allerdings feststellen, daß diese Überheblichkeit nicht mehr so selbstsicher ist wie vor vier, fünf Jahren. Irgendeine unfaßbare Beklemmung ist damit vermengt: vielleicht verschwindet auch bei uns von heute auf morgen das Fleisch von den Ladentischen, und wir müssen für Waschpulver oder Toilettenpapier Schlange stehen. Es gibt zwar kein sichtbares Zeichen einer herannahenden Katastrophe, dennoch steigt das Angstgefühl. Und dies nicht ohne Grund.
Der Erfolg der ungarischen Wirtschaft ist im Grunde genommen nur relativ. Zwischen 1979 und 1981 hat uns die Stagnation erreicht, und der Lebensstandard begann zu sinken. Zu diesem Preis war es gelungen, die Ausweitung des Zahlungsbilanzdefizits zu stoppen. Einen beträchtlichen Überschuß konnte man auch im besten – dem vorigen – Jahr nicht mehr aufweisen, und die Tilgungsraten für die alten Kredite werden unverändert mittels neuer Kredite gedeckt. Eine auf einer konstanten Ebene gehaltene Abhängigkeit vom internationalen Geldmarkt und eine

ebensolche Stagnation ohne sichtbares Abbröckeln des Lebensstandards sind derzeit das Beste, wozu die ungarische Wirtschaft fähig ist – sollte es nicht zu Schlimmerem kommen.

Nur kann in dieser düsteren Situation schon selbst das etwas Schlimmeres sein, was unter anderen Umständen niemanden aufregen würde.

Es gereicht der ungarischen Staatsführung zur Ehre, daß sie aus ihrer bedrängten Situation nicht mit einer brutalen Drosselung der Importe auszubrechen versucht, sondern mit Reformen, die die Exportfähigkeit des Landes verbessern sollen. Und weil sie bisher noch nichts Nichtwiedergutzumachendes gegen die Gesellschaft verbrochen hat, muß sie vorerst nur mit dem Widerstand des Apparates rechnen. Doch selbst hier hat sie den Vorteil, daß es keine Fürsprecher für die reformfeindliche Stimmung gibt.

Seit 1979 steht die gesamte Staatsführung auf den Grundlagen von 1968. Allgemein verbreitet ist die Meinung, daß die verhältnismäßigen Erfolge der ungarischen Wirtschaft nur dem zuzuschreiben sind, was die reformfeindliche Welle Anfang der siebziger Jahre nicht fortschwemmen konnte und daß die Reformen unbedingt fortzuführen seien.

Einiges ist ja auch schon im Interesse dieser Fortsetzung geschehen. Man hat die Industrieministerien zusammengezogen, eine ganze Kompanie von Industrietrusts wurde in ihre Bestandteile zerlegt, verschiedene Arten von Kleinunternehmen wurden legalisiert. Diese Maßnahmen berühren aber noch nicht die heute gültigen Prinzipien in der Beziehung zwischen staatlichen Betrieben und Staat. Doch auch so haben sie die Verhältnisse bereits zum Tanzen gebracht.

Die Fusionierung der Ministerien hat den hierarchischen Kontakt zwischen Regierung und Betrieben gestört, die Auflösung der Trusts hat einen fast zwanzig Jahre dauernden Trend zur Zusammenlegung umgekehrt, das Gesetz über die Kleinunternehmungen hat den Kreis der Privatunternehmen erheblich vergrößert. Der wirtschaftsleitende Apparat hat sich daran gewöhnen müssen, daß wir in einer Zeit der Veränderungen leben.

Dennoch ist das Endergebnis ungewiß. Bis zu einer umfassenden Reform der Institutionen der Betriebslenkung können noch Jahre vergehen – und es ist zu bezweifeln, ob es sie je gibt; die Kredite fließen nicht mehr in dem Ausmaß wie früher, die Zahlungsunfähigkeit Polens und Rumäniens hat in der westlichen Bankenwelt überhaupt Zweifel an der Zahlungsfähigkeit des RGW-Raumes aufkommen lassen; seit der Machtübernahme der Militärs in Warschau gelangt Ungarn genauso schwer an Kredite wie die übrigen Länder. Natürlich kann sich dies alles innerhalb von Monaten verändern, doch in der jetzigen finanziellen Lage des Landes können einige Monate den Bankrott bedeuten.

Auch wenn es gelingt, den Bankrott zu vermeiden, müssen wir damit rechnen, daß sich Ungarn mit seiner außenwirtschaftlichen Taktik immer mehr isoliert. In den führenden Kreisen Osteuropas gewinnt die Stimmung Oberhand, daß der RGW sich wiederum von der weltwirtschaftlichen Umgebung abschotten muß. Daß die polnischen oder rumänischen Führer so sprechen, wird kaum jemanden verwundern: sie können ja auch kaum mehr hoffen, ihren westlichen Warenverkehr irgendwie wieder in Ordnung zu bringen. Doch die Vorteile eines autarken RGW werden jetzt auch von den Führern der Tschechoslowakei hervorgehoben; dies deutet darauf, daß auch für zahlungsfähige Staaten die Abhängigkeit am Kreditmarkt schwer auszuhalten ist. Sollte die steigende Ungeduld zu einer allgemeinen Abschottungskampagne ausarten, wird auch die ungarische Staatsführung zu einem Rückzugsgefecht gezwungen sein.

Die Aussichten auf eine Reform können nicht nur durch den Druck von außen zunichte gemacht werden. Der gefährlich wachsende Balanceverlust der Zahlungsbilanz hat auch in Ungarn eine Reihe widersprüchlicher Maßnahmen nach sich gezogen.

Einerseits wurden Marktmechanismen rehabiliert, andererseits verstärkte sich der Hang zur direkten Intervention und zu zentralisierenden Maßnahmen. Ein immer bedeutenderer Anteil des Imports wird an Sonderbewilligungen

gebunden; man initiierte Kampagnen für Material- und Energiesparmaßnahmen und für Personaleinsparungen; gleichzeitig mit der Forcierung des Exports werden bei diversen Firmen die gültigen Regulierungsmechanismen suspendiert. Es scheint nicht unmöglich, daß – bis zu einer durchgreifenden Reform der Betriebsleitung – der zentrale Tätigkeitsbereich so groß sein wird, daß der Marktmechanismus nur auf dem Papier funktionieren wird.
Ungarn benötigt daher viel Glück und eine entschlossene Führung, die es nicht zuläßt, daß man sie von ihrer außenwirtschaftlichen Taktik abbringt, die aber auch die zentralen Aktionen nicht so sehr überhand nehmen läßt, daß die Reform sinnlos wird.
Die heutige Staatsführung verfügt über keine Gruppierung, die mit – im Kampf zu erreichenden – progressiven Veränderungen herumexperimentieren möchte. Sie will bloß die schweren Zeiten überdauern. Und dazu benötigt sie nicht politische Bündnispartner, sondern Ideenfabrikanten. Sie sind bereit, jeden Vorschlag anzuhören, denn vielleicht könnte er einmal benötigt werden. Sie selbst winken jene Übereifrigen ab, die mit der bloßen Erwähnung von ideologischen Tabus den Kreis der in Rechnung kommenden Möglichkeiten verengen könnten. Sie interessiert nur mehr, was für die Ausbalancierung des Zahlungsbilanzdefizits nützlich sein könnte.
Eine wirklichkeitsfremde Situation! Seit 1948 durfte noch nie so frei über die Alternativen zum Wirtschaftssystem sowjetischen Typs nachgedacht werden. Volkswirtschaftler diskutieren, welche Körperschaften die Eigentumsrechte an den staatlichen Betrieben von den Regierungsorganen übernehmen sollen: abgetrennte Kapitalorganisationen, die Selbstverwaltungsräte der Produzenten oder Betriebsaufsichtskomitees. Man drängt auf die Trennung der zentralen Notenbank von den Kreditanstalten, auf die Einführung der traditionellen Einrichtungen des Kapitalmarktes, man möchte die Rolle des staatlichen Plans auf einige beschränkte makro-ökonomische Aufgaben einengen und man überlegt, wie das innerbetriebliche Wirtschaften vom Gängelband des Parteiapparates befreit werden könnte.

Die Staatsführung hört sich das alles ohne mit der Wimper zu zucken an – und sieht dennoch nicht die Notwendigkeit, eine neue »Ära«, einen »Neuen Mechanismus« zu verkünden. In ihren richtungweisenden Stellungnahmen spricht sie konsequent von der weiteren Verbesserung der Effizienz und der Fortsetzung der Reform und verpflichtet sich zu weiteren Veränderungen, doch bemüht sie sich, ihre Bedeutung herunterzuspielen. Was will sie eigentlich mit dieser Taktik erreichen? Wem möchte sie wohl verschweigen, daß große Dinge kommen müssen?
Was auch immer ihr Ziel sein mag: sie hat erreicht, daß sich das Lager der Reform nicht zusammengerottet hat und es auch nicht tun wird, solange es nicht dafür ein Signal erhält. Nichts aber macht sicher, daß auch das reformfeindliche Lager untätig bleibt. Sollte die 1979 begonnene Entwicklung andauern, werden immer größere Teile des wirtschaftsleitenden Apparates Schaden nehmen. Es ist sicher, daß sie ihre Führer finden werden und es auch verstehen werden, wie man aus der unbeständigen Lage der Wirtschaft Argumente gegen die Reform konstruiert. Es müssen nicht unbedingt jene tonangebend sein, die sich Anfang der siebziger Jahre an die Spitze der reformfeindlichen Koalition gestellt hatten, also die hohen Partei- und Gewerkschaftsfunktionäre. Sie können heute genausogut aus dem wirtschaftlichen Fachapparat, aus den Importabteilungen oder dem Kreis der Aufsichtsbeamten über den Energieverbrauch der Betriebe kommen. Früher oder später muß die Entscheidung fallen, ob die Staatsführung der Kraftprobe innerhalb des Apparates auszuweichen gedenkt. Fraglich ist nur, ob es dann nicht bereits zu spät sein wird.
Man kann heute nicht einschätzen, von welchem Wert der Vorsprung Ungarns ist. Weichen wir dauerhaft von den in Osteuropa herrschenden Strömungen ab, oder werden wir nur verspätet hineingerissen? Mit dieser Alternative vor Augen müßte die ungarische Opposition ihre Vorstellungen über die nächste Zukunft ausarbeiten. Aber gestehen wir uns ein, wir sind nicht vorbereitet, über unsere Lage in solch großen Zusammenhängen nachzudenken.

Die Gründe für dieses Nichtvorbereitetsein reichen bis ganz in die Anfänge zurück. Im großen und ganzen war die ungarische Opposition gleichzeitig mit den übrigen Bürgerrechtsbewegungen entstanden. Ihre politischen und taktischen Vorstellungen bezog sie aus dem gemeinsamen Gedankenschatz. Wir gingen, wie alle anderen Mitte der 70er Jahre auch, davon aus, daß es weder wert sei, mit einer revolutionären Veränderung des Systems, noch mit einer von oben unterstützten Reform herumzuexperimentieren. Solange in der Region die Sowjetunion der Herr ist, enden diese Experimente mit einer Katastrophe oder der Rücknahme der Errungenschaften. Doch bestehen auch dann Möglichkeiten für demokratische Initiativen, wenn wir dieses System einmal als gegeben betrachten. Denn dieses System ist nicht geschlossen: zwischen seinen Gesetzen klaffen Spalten, Lücken und Widersprüche. So verfolgen die Strafgesetze einerseits die Ausübung der Bürgerrechte als Aufwiegelung, als Verschwörung oder Pressevergehen, andererseits wird alles, was nicht unter gesetzliche Sanktionen fällt, mit administrativen Repressalien belegt.
Der Staat gewöhnt der Gesellschaft an, daß nur Sonderlinge, zur Anpassung Unfähige, vielleicht sogar Kranke die Respektierung der Freiheitsrechte erwarten; gleichzeitig halten eben diese Rechte hochrangige Gesetze und Verordnungen fest – und für deren Einhaltung bieten internationale Abmachungen Gewähr.
Für den gesunden Menschenverstand war es im Grunde klar, daß die Freiheitsrechte nur Verzierungen sind, während ausschließlich das Strafgesetzbuch und die administrativen Maßnahmen über eine regulierende Kraft verfügen. Mitte der 70er Jahre begann sich aber die Stimmung zu verändern.
Zwei politische Ereignisketten beschleunigten diesen Wandel; die eine war das Aufblühen des sowjetischen Samisdat und der um ihn entstehenden Bewegungen. Dieses Beispiel suggerierte, daß nun die zähe Evolution der nachstalinistischen Ära langsam reif wurde: man kann

bereits öffentliche Meinung für die Menschen- und Bürgerrechte schaffen, und der Staat wird auf diesen Druck hin empfindlicher.

Der andere Beschleuniger dieser Änderung war die internationale Entspannung und die Öffnung der Weltwirtschaft. Als Voraussetzung für eine geregelte Zusammenarbeit zwischen den Blöcken mußte der Westen die Präsenz der Sowjetunion östlich der Elbe akzeptieren, doch auch die Sowjetunion mußte dafür etwas im Austausch geben – diese Gegenleistung war das Versprechen, daß die Staaten in der sowjetischen Einflußzone die Bürgerrechte ernster nehmen würden. Diesen Handel schloß der Vertrag von Helsinki ab.

Die neue Taktik war damit geboren: Handeln wir so, als ob nicht die Strafgesetze oder die administrativen Maßnahmen der Maßstab wären, sondern die höheren juristischen Prinzipien; schaffen wir eine zensurfreie Presse, gründen wir rechtsverteidigende Komitees, initiieren wir den Aufbau freier Gewerkschaften.

Sollten diese Initiativgruppen auch noch so klein sein, sollten die ersten Versuche auch noch so primitiv sein, die aufmerksame öffentliche Meinung wird schließlich lernen, daß dies möglich ist, und der Staat, daß es sich nicht auszahlt, brutale Gewalt zur Zerschlagung der Initiativen anzuwenden, weil bereits eine Öffentlichkeit existiert, die es nicht für selbstverständlich hält, daß man alles mit Gewalt erledigen kann und weil die westliche Öffentlichkeit eine so offensichtliche Verletzung der im Vertrag übernommenen Verpflichtungen auch nicht mehr als gutes Zeichen werten würde.

Diese taktischen Überlegungen haben zuerst die Vertreter der polnischen demokratischen Opposition ausgearbeitet, und sie stellten sie auch gleichzeitig in eine sehr wagemutige Perspektive. Mit der Zeit könnten immer größere Teile der Gesellschaft sich in der Art und Weise dieser Initiativgruppen organisieren – sagten *Kuron* und *Michnik* –, und dieses Auftreten der organisierten Gesellschaft könnte die Regierung zu einem Ausgleich, zur Anerkennung irgendeiner beschränkten Form des Pluralismus zwingen. Nur

daß sie nicht einfach damit rechneten, daß ein Vierteljahrhundert nach Stalin der Staat mit den Freiheitsrechten nicht mehr so zynisch umspringen kann wie einst. Sie sahen in der Entwicklung nämlich auch eine Auflösungserscheinung des Systems und rechneten mit der Erosion der Staatsmacht und der raschen Aktivierung der grundlegenden Klassen. Was Polen betrifft, haben sie sich auch nicht getäuscht.
Die ungarische Gesellschaft hingegen befand sich in einem statischen Zustand, und als sich bei uns die Opposition herausbildete, stand der Staat auf festen Füßen. Konnten wir auch noch so viel Inspiration und Hoffnung aus Polen schöpfen, so können wir in der vorhersehbaren Zukunft nicht mit mehr rechnen, als daß es kleinen Gruppen gelingt, außerhalb des mächtigen Netzes offizieller Institutionen Fuß zu fassen.
Hier ähneln wir doch eher den Tschechen. Doch darin, welche Gruppen mit welchem Hintergrund und Sozialstatus die oppositionelle Bewegung initiieren, unterschieden wir uns sogar von ihnen. In Prag kamen die Gründer aus den Opfern der politischen Säuberungen der Jahre 1969–71. Eine scharfe Linie trennte sie von allen jenen Intellektuellen und Fachangestellten, die mit Loyalitätserklärungen und dem Verrat anderer ihre Positionen erkauft hatten. Sie hatten alle zwischen 1963 und 1969 eine politische Rolle gespielt.
In Budapest fehlte ein Kern, der über eine politische Vergangenheit verfügt hatte; bei uns begannen jene, die in Prag höchstens den äußeren Kreis bildeten: wegen fachlicher Konflikte ausgestoßene Intellektuelle, die sich – ohne tiefschürfende politische Erfahrungen – langsam von der etablierten Intelligenz abspalteten, ohne daß sie mit ihr in Konflikt geraten wären. Ich denke, daß mit diesen Divergenzen der grundlegend unterschiedliche Charakter der beiden Bewegungen zusammenhängt.
Die Charta 77 hat in ihrer Gründungserklärung offen ihre Ziele dargelegt, ihre Sprecher werden nach festgesetzten Regeln abgewechselt, und die Meinungen der verschiedenen Gruppen werden mit ausgearbeiteten Einigungsverfahren aufeinander abgestimmt.

Im Gegensatz dazu hat es die ungarische Opposition nie geschafft, sich ein Aktionsprogramm zuzulegen. Nur mit einigen symbolischen Gesten haben wir angezeigt, daß wir zur Gemeinschaft jener osteuropäischen Bewegungen gehören, die sich auf die Menschen- und Bürgerrechte berufen: mit dem Brief vom Jänner 1977 und dem Protest vom Oktober 1979[1].
Im übrigen gaben wir uns damit zufrieden, daß wir diese Rechte ausübten: wir schufen die zweite Öffentlichkeit des Samisdat und der Freien Universität und schließlich die SZETA zur Organisierung der freiwilligen gesellschaftlichen Hilfeleistung[2].
Gänzlich verabsäumten wir, irgendeinen Mechanismus zur Abhaltung von Diskussionen der locker miteinander verbundenen Gruppen zu schaffen. Dies sei auf der Seite der Verluste verbucht.
Andererseits können wir festhalten, daß unsere Tätigkeit nicht nur zur Verteidigung von nach innen gerichteten Institutionen abgedrängt werden konnte. In Prag unvorstellbar: im Bibo-Gedächtnisband[3] traten führende Schriftsteller, Kritiker, Gesellschaftswissenschaftler gemeinsam mit berüchtigten Oppositionellen auf, arrivierte Künstler drängten sich auf der SZETA-Auktion; gegen Rechtsverletzungen mit kollektiven Petitionen aufzubegehren, wurde zu einer allgemein üblichen, keineswegs oppositionellen Gewohnheit. Sowohl das Verhalten der Redaktion einer Literaturzeitschrift als auch der Mitglieder einer Produktionssitzung zeigt, daß sich seit dem Auftreten der Opposition die Grenzen des erforderlichen Gehorsams verschoben haben.
Nachträglich kann man sich natürlich darüber streiten, was besser gewesen wäre: die kleinere Wirkung (und den geringeren Schutz) auf sich zu nehmen, um unsere politischen Ziele klarer zu umreißen und unsere Einrichtungen besser auszubauen – oder umgekehrt. Doch abgesehen

1) Siehe oben S. 137.
2) Siehe oben S. 140.
3) Siehe oben S. 70.

davon, ob wir es richtig oder falsch gemacht haben, wir können auf keinen Fall mehr so weitermachen.
Die ungarische Opposition hat ihre wirklichen großen Erfolge in der politischen Windstille der zweiten Hälfte der 70er Jahre erreicht, als die Nachwehen der Reform der sechziger Jahre bereits vergangen waren, doch die unheilschwangere Luft der achtziger Jahre die Gesellschaft noch nicht voll getroffen hatte. Die Jahre der Verbesserungen waren vorüber, niemand erwartete Veränderungen. Diejenigen, die noch nicht erreicht hatten, was sie wollten, begannen ungeduldig zu werden, und diejenigen, die es bereits hatten, konnten auch nicht mehr so selbstsicher ihre täglichen Kompromisse machen. Das allgemeine Sicherheitsgefühl war nicht erschüttert, wuchs sogar eher, je mehr wir uns von den Jahren des Stalinismus und den Wirren nach 1956 entfernten.
In diese ohnmächtige, ernüchterte, aber noch sorgenfreie Stimmung schlug die Opposition mit ihrem provokativen Auftreten voll ein. Es genügte, die langweiligen, verhaßten Verhaltensmuster zu verwerfen, es genügte, sich anders zu benehmen, und schon konnte um einen ein unfaßbarer Kristallisationsprozeß beginnen.
Mit einer solchen Wirkung können wir Anfang der achtziger Jahre nicht mehr rechnen. Die Gesellschaft ist voller Angst, alle sind verunsichert. Es kann sein, daß sich in den nächsten Jahren neuerlich das Schicksal des Landes für Generationen entscheidet – und was zählt es in einer solchen Situation, ob nun die Samisdatausgaben statt in einer Auflage von 50 in einer Auflage von 500 erscheinen? Entweder wird die Opposition in den großen Fragen der Politik mitzureden haben, oder ihre Bedeutung reduziert sich auf ein ihrer Größe und ihrem jetzigen politischen Organisierungsgrad entsprechendes Ausmaß. Was nicht unbedingt von Schaden sein muß.
Zensurfrei zu sprechen, die sozialen Gefühle aufrecht zu halten und unter allen Umständen Bedürftigen zu helfen, ist eine gute Sache. Wer dieses Ziel hat, kann beruhigt weiterhin seine Angelegenheiten erledigen. Wer sich aber jener Hoffnung der Opposition angeschlossen hat, daß ein

solcher Schritt auch eine weitergehende Bedeutung hat, der wird damit konfrontiert, daß eine beispielgebende Ausübung der Freiheitsrechte als politische Taktik einfach nicht mehr ausreichend ist.

4. Teil: Oppositionelle Politik im Schatten Polens

Viele glauben heute, daß es mit der Opposition Probleme gibt, doch im allgemeinen auf der Grundlage anderer Erfahrungen und Argumente, als ich hier referiert habe. Die meisten meiner Bekannten berufen sich auf die entmutigende Lektion des polnischen Saubermachens oder darauf, daß, sooft in Osteuropa eine demokratische Massenbewegung niedergeschlagen wurde, über die gesamte Region die Reaktion hinwegfegte.
Für meinen Teil halte ich es für notwendig, einen tieferen Blick zu werfen. Nicht nur deshalb, weil die Zeit des Innehaltens meist auch die Zeit der Selbstprüfung ist; es ist meine Überzeugung, daß wir zu solchen praktischen Lehren gelangen könnten, die wir nie beachten würden, solange wir – vom Schlag gegen die polnische demokratische Bewegung hypnotisiert – an nichts anderes als den 13. Dezember und seine Nachwirkungen denken können. Ich will hier nicht vorschlagen, daß wir so tun sollten, als ob wir nicht am Ende einer schweren Niederlage und am Anfang einer Restaurationsepoche stünden. Wir müssen damit rechnen, daß die Voraussetzungen unserer Tätigkeit strenger werden. Es kann geschehen, daß als Wirkung der polnischen Krise das Gleichgewicht der politischen Verhältnisse umkippt.
Wir müssen diese Gefahr sehr ernst nehmen, denn wir können nichts Gutes davon erwarten, daß Ungarn seine in den sechziger und siebziger Jahren erreichten Vorteile verliert. Das ethische Gefühl und der politische Realismus soufflieren uns, daß wir nur eine solche Entwicklung für wünschenswert halten dürfen, die auf den bestehenden Errungenschaften aufbaut und nicht auf der politischen und wirtschaftlichen Verarmung des Landes.

eher bestrebt sein, die Zusammenarbeit zu steigern, denn wir benötigen sie, um unsere geistigen Kapazitäten zu erweitern.
In erster Linie besteht jedoch die Notwendigkeit, daß sich in uns selbst die Paralyse auflöst, die wir wegen des unverarbeiteten Erlebnisses der polnischen Niederlage haben. Solange wir uns nicht an die Analyse der Lehren heranwagen, solange können wir nur eines wissen: wieder hat es die Sowjetunion nicht zugelassen ... Wenn wir aber mit einer Analyse beginnen, können wir entdecken, daß gleichrangig mit dem sowjetischen Druck die inneren Faktoren mindestens genauso großen Anteil an der Entwicklung hatten. Ich halte die Inkompetenz, Verkommenheit und Ohnmacht der polnischen Führungsgarnitur für das wesentlichste. Diese Leute waren unfähig, institutionelle Veränderungen zu initiieren, als sie noch fest im Sattel saßen, oder sich an die ihnen aufgezwungenen Veränderungen anzupassen, als die organisierte Arbeiterschaft schon längst die Initiative an sich gerissen hatte. So konnte der aktivere Teil der Gesellschaft nur Haß und Verachtung für sie aufbringen, und soweit er es konnte, versuchte er, sich von ihnen zu befreien. Das Danziger Abkommen kam noch zustande, doch zu einer Einhaltung waren sie nicht mehr die Partner. Es leitete einen Zerfallsprozeß ein, der nur mehr mit einer Revolution oder Konterrevolution zu einem Ende gelangen kann. Da die Repressionsapparate unverletzt blieben, hat die Konterrevolution gesiegt. Daraus folgt aber noch nicht, daß die sowjetische Führung die nichtmilitärische Intervention auf sich genommen hätte, wenn es zur Revolution gekommen wäre. Sie hat des öfteren bewiesen, daß sie sich sehr wohl der Grenzen ihrer Handlungsfreiheit bewußt war: im September und Dezember 1980 und dann im März/April 1981. Wenn wir ihr Zögern mit ihrem Verhalten 1956 vergleichen, müssen wir feststellen: diesmal waren sie viel näher daran, mit einer siegreichen Revolution einen Ausgleich zu suchen. Andererseits hat sich nicht nur das Verhalten der Sowjets verändert, sondern auch die Führungsgarnituren der osteuropäischen Länder sind sich nicht einfach gleich. Die

heutige ungarische ist auf jeden Fall besser als die polnische: sie ist mehr aufeinander eingespielt, weniger korrupt und zeigt wesentlich mehr Bereitschaft, die notwendigen Veränderungen auch vorzunehmen.

Die Bevölkerung hält sie nicht für regierungsunfähig und nährt keine heftigen Leidenschaften ihr gegenüber. Sollte einmal der erste Schritt getan sein, gäbe es bei uns für die Entfaltung eines Kompromisses wesentlich mehr Aussichten als in Polen 1980/81. Es ist wert, dies uns in Erinnerung zu halten, obwohl die ersichtliche Folge des Unterschiedes wahrscheinlich eher die ist, daß bei uns die Chance für den ersten Schritt wesentlich geringer ist. Vor allem jetzt, wo die Menschen angesichts des Terrors in Polen und der sich verschlimmernden wirtschaftlichen Lage Osteuropas noch mehr bereit sind, sich mit ihrer verhältnismäßig begünstigten Lage abzufinden.

Die Sprecher der polnischen Opposition haben Mitte der 70er Jahre erklärt: wenn sich die Bevölkerung nicht in einer verhandlungsfähigen, disziplinierten Bewegung organisiert, dann wird sie gegen die Macht mit haßerfüllter, vernichtender Kraft ausfallen. Ungarn ist nicht so sehr vom Ausbruch der Leidenschaften bedroht als vielmehr von einer viel zu hohen Selbstdisziplin. Während sich alle hüten, ihre Schwierigkeiten der Regierung anzukreiden, könnten wir schön langsam in der Krise versinken – oder wir könnten zumindest die Möglichkeit, unsere 35jährigen ungelösten Probleme zu ordnen, vorüberziehen lassen.

Wir müssen die Stille brechen. Wir müssen auf die Gefahren aufmerksam machen, an die Möglichkeiten erinnern. Doch dies kann nur eine solche politische Gemeinschaft leisten, die außerhalb des Rahmens des allgemeinen Kompromisses steht: also die demokratische Opposition. Ich weiß, diese Aufgabe entspricht nicht den Gegebenheiten der Opposition aus den Jahren 1979–81. Doch wir hätten auch dann schon einen Schritt vorwärts getan, wenn wir anfingen, uns darüber Gedanken zu machen.

Weitere lieferbare Titel

Hans Paasche: **Die Forschungsreise des Afrikaners Lukanga Mukara ins innerste Deutschlands**, 136 Seiten, 10 Federzeichnungen, DM 12,00 ISBN 3-924444-01-3

Helmut Donat: **Charlotte Leonhard.** Lebensbild einer deutschen Pazifistin, 26 Seiten, 9 Abb., DM 4,50 ISBN 3-924444-00-5

Hans Wehberg: **Ideen und Projekte betr. die Vereinigten Staaten von Europa in den letzten 100 Jahren**, 95 Seiten, 2 Abb., DM 10,00 ISBN 3-924444-03-X

Walter Fabian: **Die Kriegsschuldfrage.** Grundsätzliches und Tatsächliches zu ihrer Lösung, XIII, 135 Seiten, DM 14,00 ISBN 3-924444-08-0

Johann Gottlieb Schummel: **Die Revolution in Scheppenstedt.** Nach der Erstausgabe von 1794 neu hrsg. u. mit einem Nachwort versehen von H. Zimmermann, 200 Seiten, DM 24,80 ISBN 3-924444-25-0

Johann Nikolaus Becker: **Fragmente aus dem Tagebuche eines reisenden Neu-Franken**, 167 Seiten, 6 Abb., DM 19,80 ISBN 3-924444-10-2

Claus Heitmann: **Von Abraham bis Zion.** Die Ortsgemeinden der Bremischen Evangelischen Kirche, 216 Seiten, 312 Abb., DM 39,80 ISBN 3-924444-12-9

Elke Suhr: **Die Emslandlager.** Die politische und wirtschaftliche Bedeutung der emsländischen Konzentrations- und Strafgefangenenlager 1933-1945, 300 Seiten, 30 Abb., DM 32,00 ISBN 3-924444-07-2

Erich Schmidt: **Eine Jugend in Berlin.** Triumpf und Elend der Arbeiterbewegung, ca. 200 Seiten, DM 32,00 ISBN 3-924444-20-X

Arno & Karin Reinfrank: **Berlin** – Zwei Städte unter sieben Flaggen oder Warum die Berliner immer Recht haben, ca. 260 Seiten, DM 24,80 ISBN 3-924444-27-7

Křen/Kural/Brandes: **Integration oder Ausgrenzung.** Deutsche und Tschechen 1890-1945, 156 Seiten, 7 Abb., 1 Faltkarte, DM 19,80 ISBN 3-924444-11-0

György Dalos: **Archipel Gulasch.** Die Entstehung der demokratischen DM 22,00 ISBN 3-924444-14-5

Auf der Suche nach Autonomie. Kultur und Gesellschaft in Osteuropa, hg. v. Dieter Beyrau und Wolfgang Eichwede, ca. 280 Seiten, DM 35,00 ISBN 3-924444-15-3

In Vorbereitung:

Friedrich W. Foerster: **Mein Kampf gegen das militaristische und nationalistische Deutschland**, ca. 280 Seiten, ca. DM 28,00 ISBN 3-924444-23-4

Zu beziehen durch jede Buchhandlung oder direkt beim Verlag

Donat & Temmen Verlag

Slevogtstraße 20 · 2800 Bremen 1 · Tel. (0421) 344637/344280